わかる！できる！

「各教科等を合わせた指導」

どの子も本気になれる
特別支援教育の授業づくり

名古屋 恒彦 著

教育出版

はじめに

今日、知的障害教育は、時代のうねりの中でさまざまな新たな課題に直面しています。課題がさまざまであることは、すなわちそれらの課題のよって来る背景が多様であることを意味します。多様な背景はいずれも過小評価できないものばかりですが、ここでは大きく二つの背景要因――それは大きな時代のうねりでもあるのです――を考えます。

一つは、「障害者の権利に関する条約」（以下「条約」）批准にかかわる動向です。我が国では、批准（二〇一四年）に向けた諸準備の段階から、批准後の国内で条約が発効している現在まで、多様な施策が構想され実施されています。今日の特別支援教育で注目される「合理的配慮」は、条約全体を貫くキーワードです。

条約全体に記されていることが学校教育の場で留意されるべきですが、とりわけ第二四条の「教育」にかかわる内容は、学校教育で直接的に具体化されるべきものです。条約が掲げる教育の基本理念は「障害者を包容するあらゆる段階の教育制度及び生涯学習」であり、いわゆる「インクルーシブ教育システムの構築」が求められます。

どの子も、学校において仲間と共に学習権を充足できる状況をつくらなければなりません。そのために学校に求められることの一つが「合理的配慮」です。学習権の充足というと堅いですが、どの子も質の高い学びに主体的に参画できることが求められます。

二つめの背景要因は、我が国の学校教育全般の見直しにかかわる動向です。これは直接的には現在進行中の学習指導要領改訂作業において具体化されますが、一九九〇年代以降の「新学力観」や「生きる力」といった言葉に代表される教育改革を、発展させたものと見ることができます。その上で、さらにＯＥＣＤ（経済協力開発機構）によるＰＩＳＡ調査（生徒の学習到達度調査）の結果から喚起された国内の学力にかかわる課題、同じくＯＥＣＤによる「キー・コンピテンシー」や二一世紀型スキルプロジェクトによって提案された「二一世紀型スキル」といった、教育内容に関する国際的な議論などを踏まえた大胆かつ広範な検討を基盤とします。従来の単なる知識・技能ではなく、活用できる知識・技能が重視されます。しかもそれは単なる用具教科や実利的な学習のような意味ではなく、社会の中での生活の質的な豊かさに直結する知識・技能と考えるべきものです。

教育内容の質は、教育方法の質あるいは学びの過程の質をも伴います。そのような教育方法の質を担保するものとして、「アクティブ・ラーニング」が注目されています。「アクティブ・ラーニング」は、「初等中等教育における教育課程の基準等の在り方について（諮問）」（中央教育審議会、二〇一四年）では、「課題の発見と解決に向けて主体的・協働的に学ぶ学習」と定義されています。仲間と共に主体的に学ぶ姿の実現は、学校教育全体が取り組むべき大きなチャレンジといえます。

以上で取り上げた知的障害教育の今日的課題の背景要因は、あるものは障害のある人の権利にかかわるものであり、あるものは障害の有無を問わない教育全般のものであります。いずれも国内、国際それぞれの事情を含み込み、さらに複雑な様相を呈しています。

しかし、いずれのフェイズでこれらの背景要因を見たとしても、子ども目線で考えてみますと、我々のめざすべき姿は、ごくシンプルなものです。

すなわち、「仲間と共に主体的に取り組める生活づくり」です。

このことはまさに、知的障害教育がこれまで大切にしてきた価値観であり教育目標です。と同時に、子どもの思いを大切にするならば、上記の時代の要請の如何にかかわらず、これからも大切にすべき不易の価値観であり教育目標ということもできましょう。

その具体化が、生活単元学習等の「各教科等を合わせた指導」をはじめとした授業の充実であり、知的障害教育が大切にしてきた実践論である「できる状況づくり」の充実にほかなりません。

以上のことを心にとどめていただき、これから本書で展開する議論を読み進めていただければと思います。そうすれば、今だからこそ必要とされる知的障害教育のあり方を、きっと共有できると思うのです。

*

筆者は現場の先生方のご厚意で、特別支援学校等での授業づくりに加えていただく機会をいただいています。それらの場で、しばしば「各教科等を合わせた指導」の授業づくりの難しさを訴える声を耳にします。「各教科等を合わせた指導」に魅力を感じながらも、悪戦苦闘されている先生方の率直な声であり、多くは特別支援教育を担当してまだ間もない先生方の声です。

また、あるときには、「最近は、私たちの地域では生活単元学習を行わなくなってきている」というお話をうかがうこともありました。その理由を尋ねると、「生活単元学習をできる人が減ってきているから」とのことでした（まるで生活単元学習は、失われていく伝統工芸のようです）。その話を他の地域でしますと、「うちの地域もそうなんです」というお話を幾度かうかがいました。これらの言葉の多くは、生活単元学習が大好きで、かつて現場で思いっきり授業づくりをされていたベテランの先生方から聞かれます。生活単元学習で生き生きとした実践を積み重ねてきたベテランの先生方が、後に続く若い先生方を思いやっての声です。

生活単元学習ばかりではありません。「本校では遊びの指導はもうやっていません」「作業学習よりも専門教科を教科別に指導するほうがニーズに合っています」などの声も聞こえてきます。遊びの指導をやめたことも責任ある決断でしょうし、専門教科を教科別に指導することの意義も十分に理解できます。知的障害教育の魅力は多様な教育的アプローチができることにありますから、こういう声を否定するものではもちろんありません。しかし、このような声が、多様性ゆえではなく、「各教科等を合わせた指導」への否定的評価（簡単に言えば「やっている意味がわからない」「時代遅れだからやめよう」等々の発想）ゆえであるとしたら、残念なことです。それは知的障害教育の多様性を排除することにつながるからです。

前述のような今日的な時代背景を考えれば、「各教科等を合わせた指導」の必要性はますます高まるはずなのですが、現場には、「各教科等を合わせた指導」が危機に瀕しているという現実があるのです。

しかし、ここでこの危機を、別の角度から見てみると、実は大きなチャンスでもあるのでは、と筆者は考えます。

どのような教育であっても、簡単にできる教育などはあり得ないでしょうし、「難しい」「できる人がいない」という声は、本来「各教科等を合わせた指導」だけに帰されるものではないはずです。その中で、「各教科等を合わせた指導」でことさらそのことが問題になるのは、それだけ現場の先生方が真摯にこの方法に向き合い、悩んでいらっしゃる証拠ではないでしょうか。「意味がわからない」「時代遅れ」という声も、見方を変えれば、「意味を知りたい」「今の時代に本当に必要なのか」という、これもまた真摯な問いになります。

それほど関心のないことなら、ここまで生々しい声は聞こえてこないでしょう。冒頭述べましたように、仲間と共に主体的に思いきり生活することの価値が見直されている時だからこそ、確かに昔ながらの伝統的な方法ではありますが、「各教科等を合わせた指導」のことが気になり、たとえネガティブなトーンだとしても現場で話題にされているのではないかと思うのです。

だからこそ、それらの声を誠実に受けとめ、これからの時代に必要とされる「各教科等を合わせた指導」の方途を考えなければなりません。

「難しい」を「やりがいと手応え」に、「わからない」を「わかった」に、「時代遅れ」を「時代を超えて」に、ポジティブな思いに変えていく力が、「各教科等を合わせた指導」にはあると、筆者は強く思っています。

＊

ところで、このような思いで昨今発行されている書籍に目を向けた時、そのニーズに応えることができる書籍がなかなかないことに気づきました。

実践紹介を主とする書籍は多数出版されています。これらは、現場での授業づくりに直結するものではありますが、授業づくりの方法論・技術論が主となり、授業の背景となる思想や理論を十分に理解することに難があります。前述の生活単元学習に対する難しさという認識は単なる技術的な問題ではなく、その背景となる思想や理論への理解という問題こそが大きいと筆者は認識していますので、その点で、実践を主に紹介する書籍には一定の機能を認めつつ限界を感じています。

また、実践紹介を主とする書籍の中には、相反すると思われる理論的背景を有する実践が並列して紹介されているケースさえあります。この場合、読者の立場に立つなら、背景となる理論をますます理解しづらくしているように思います。

他方、授業や教育の理論を中心に書かれた図書も少ないながら存在します。しかし、これらは理論的ではありますが、現場が直面している生の課題との接点を見いだすことが難しかったり、実践への適用にイメージが持ちにくかったりといううらみがあります。思想や理論を蓄え養うことは、教師の修養に不可欠ですが、現場の生の課題に応えることとは自ずとニーズが異なる側面もあります。

本書はそのような問題意識のもと、実践現場での対話をベースとした理論書をめざして論述を進めました。現場の生の言葉や今の事実に即しながら理論を述べたいと考えてのことです。そこで、これまで筆者が実践現場で先生方から学び、対話をさせていただく中で、考え、発言してきたことをできるだけそのままの言葉で、整理し、理論化し、問題解決の糸口となるような論点を述べることに努めました。

「各教科等を合わせた指導」にとどまらず、知的障害教育のすべての授業で、どの子も本物の生活に主体的に取り組めることを願って本書をまとめましたが、ここで述べたことは、ひいては通常教育における子ども主体の授業づくりにも通じるものとも考えています。

本書の中では、「生きた力」という言葉を使っていますが、これはいわゆる「生きる力」の中でも、子どもが生活する中で、本音で発揮したいと願う力ととらえています。このような「生きた力」の発揮は、子どもにとってやりがいと手応えのある本物の生活が、学校生活で、授業で展開されてこそ発揮され、確かな力として育まれます。そのためにはどうしたらよいのかを、本書は主題としています。

仲間と共に、子どもが生き生きと活躍し、健やかに育つ――、本書がそのような姿を大切にされる先生方の一助になればと願っています。

二〇一六年八月

名古屋恒彦

目次

Ⅱ 子どもが本気で取り組む授業づくり

Ⅲ　教育目標「自立」を考える

Ⅰ 本物の生活を主体的に

❶ 知的障害教育が大切にする「本物の生活づくり」

「各教科等を合わせた指導」は「本物の生活」

知的障害教育では、「各教科等を合わせた指導」（「領域・教科を合わせた指導」という言い方もされてきました）が、効果的な指導法として大切にされています。「各教科等を合わせた指導」では、「日常生活の指導」「遊びの指導」「生活単元学習」「作業学習」が代表的な指導の形態として知られています。いずれも、領域や教科の内容が未分化に含まれている総合的な生活活動そのものを教育内容とする指導の形態です。「各教科等を合わせた指導」は、自然で実際的な「本物の生活」そのものを学習活動として位置づける指導の形態ということができます。

本物の生活には、それ自体に豊かな教育力があります。古くはペスタロッチが「生活が陶冶する」と言い、デューイが「なすことによって学ぶ」と言っていたように、先人たちによって生活そのものの教育力の豊かさは認識されてきました。日本でも大正新教育のころ、「生活即教育」という言葉が使われました。

本物の生活の教育力は、これら先人たちの言葉にたずねなくとも、私たちの日常の中でリアルに認識されるものでもあります。仕事に一生懸命打ち込んだり、趣味に没頭したりする生活をやり遂げれば、結果的に、というよりそれらの充実した活動に必然して、多様な力の育ちを私たち自身が経験しているはずです。日々当たり前の日常生活のルーティンワークを重ねていく中で、生活上手になっている自分に気づくこともあります。

なかなか気づきにくい「本物の生活」の教育力

しかし、私たちが一般に「教育」というと、どうしても学校での教育の姿が思い出され、日々の生活での豊かな育ちは、教育として認められにくくなります。特別支援学校で、小学部の子どもたちが楽しそうに遊びに没頭している姿を慈しみつつ、「勉強はいつするんですか」と尋ねられることがあります。けっして遊びの魅力を認めないわけではないのですが、それはそれ、ということで勉強は別にするもの、と考える先入観を、どうしても一般には持ってしまいます。遊びそのものに没頭すること、それ自体に価値があること、その価値ある活動には質の高い豊かな学習もまたなされていることは、一般的な学校教育のスタイルに慣れていると、なかなか気づきにくいものです。

経験主義教育と系統主義教育

一般に通常の学校で行われている教科の学習法は、教育学的には「系統主義教育」といわれる教育論に位置づく方法です。系統主義教育では、習得すべき学習内容を一つに定め、その習得を目標とします。その目標の達成のために系統的・段階的に指導を展開し、子どもの思考過程を大切にしながら論理的に学習を積み上げ、目標とした内容の確実な習得をめざします。いわばピンポイントに定めた目標を確実に学習する点に、系統主義教育の強みと魅力があります。

それに対して、「各教科等を合わせた指導」のように、総合的な生活活動を学習内容とし、生活の積み重ねを図る学習方法は、教育学的には「経験主義教育」といわれます。経験主義教育では、一つの生活上の営みの遂行を目標として、その生活を主体的に取り組み、その目標を首尾よく達成することが願われます。まさに私たちの日常の生活の営みに重なるものです。そして、その目標を達成した段階で、その営みに必然して発揮された生きた実際的なさまざまな力が、それらの力が発揮される生活の諸場面で総合的・実際的に習得されていきます。つまり経験主義教育には、子どもが生き生きと主体的に生活すること、そしてそれに必然して多様な力が身につくことに、強みや魅力があります。

系統主義教育と経験主義教育を、学習論という点で比較してみれば、次のような相違が指摘できます。つまり、系統主義教育には、一つの学習内容の習得を丁寧に確実に行うという点に強みや魅力があり、経験主義教育には、多様な学習内容が実際的・総合的に身につくという強みや魅力があるということです。

教育目標へのアプローチでは、系統主義教育も経験主義教育も、一つの目標の達成をめざすという点では共通です。ただし、そのめざすべき目標が、系統主義の場合は、各教科の内容のように習得すべき絞り込まれた学習内容であるのに対して、経験主義の場合は、生活上の目標の達成であるという点が相違点です。教育である以上、どちらも一つの目標に向かっていくのは共通ですが、めざす目標に対する考え方が違うわけです。

系統主義教育と経験主義教育の関係は、「あれか、これか」、あるいはどちらが正しいか、という議論の対象になるものではなく、どちらも対等な教育論としてあるものといえます。教育の目的やＴＰＯによって、それぞれの強みや魅力が生きるように選ばれればよいものです。

経験主義教育と系統主義教育の混同はＮＧ

それぞれの学習論や教育目標論の違いを認識し、適切に運用していけば、経験主義教育も系統主義教育も、それぞれに目的やＴＰＯに即した効果が期待できますが、両者が混同されると十分な成果は期待できません。

「九九は身につかなかったけど仲よくなりました」……？

たとえば、生活単元学習の授業で、国語や算数などの各教科の内容習得が、目標としてあげられることがあります。そうなると、生活単元学習の中で、国語的あるいは算数的な指導場面がことさら強調されたりします。あたかも四五分の授業の中で五分おきに国語の教科別指導、算数の教科別指導を行っているかのごときです。結局生活としての一つのまとまりが感じられない「寄せ集め学習」になってしまいます。これは、生活単元学習が本来めざすべき生活上の目標ではなく、そこに含まれる各教科の内容習得が目標になってしまっているために起こることです。せっかく経験主義の教育をしているのに、目標論では系統主義的な理解をしてしまっているのです。結果的に一つの授業に複数の異なる教科の目標がたくさん立つことになり、授業としてもまとまりのないものになってしまいます。経験主義であっても系統主義であっても、たくさんの目標を追いかけていては、よい授業になりません。国語や算数での特定の学習内容の習得を願うのなら、教科別に指導したほうが効果的です。

また、教科別に指導を行う場合に、「楽しい空気をつくりだせ、みんなで楽しく学べました。でも振り返ってみると目標の内容は身についていませんでした」では、良い指導ではありません。算数で九九の授業をして、「九九は身につかなかったけれども、みんなで楽しくやっていたら、これまで仲のよくなかった子ども同士が仲よくなったんです！」と、どんなに力説しても、（仲がよくなったのはよかったですが）授業の目標が達成できていなければよい授業とはいえません。このようなことは、系統主義教育の強みであり魅力である、一つの目標を確実に習得するということを見失い、経験主義的な楽しい活動を皮相的に取り入れた結果です。

経験主義教育と系統主義教育の強みや魅力を正しく理解し、それぞれを適切に実践していくことこそ、重要です。

活動あって学びなし？

通常教育における生活科や総合的な学習の時間などで行われる活動中心の学習（これらも、多くは経験主義教育の流れに位置づくものですが）に対して、「活動あって学びなし」という批判が行われることがあります。「わっしょいわっしょい楽しそうに活動しているのはけっこうだが、大事な学びがなされていない」という趣旨の批判です。

しかし、筆者はこの批判には直ちには賛成しかねます。筆者に言わせれば、「活動あれば学びあり」です。どんな活動でも、それに取り組めば必ず何かの学びがあります。ただ、いわゆる通常の系統的な教科別の授業でよく見られる学習場面（考える、相談する、まとめる、発表するなどの場面）が見られないことはいくらでもあります。

「活動あって学びなし」という批判がなされる場合、その改善として、これら通常の授業でおなじみの考える活動や相談活動、まとめや発表の活動を加えます。そうすると活動が学びっぽくなりますので、批判点を改善したと判断されます。

しかし、真に経験主義教育に基づく総合的な生活活動による学びは、このような学習場面を加えることでかえって不自然になり、真の教育力、真の学びの場面が損なわれてしまいます。

このような例も、結局は経験主義教育と系統主義教育の混同の側面が指摘できるものです。

しかし、とはいえ、では活動さえしていれば学びがあるのだからそれでよい、とは言えません。「活動あれば学びあり」ですが、そこでなされる学びの質が高いか低いかは別の話です。活動の中で行われる学び、その学びの質を高めていくことは必要です。

生活単元学習の授業で、先生が長々と説明をしている間、子どもは聞いているだけ、ということがあります。その結果、どんな学びがあるでしょうか。さしずめ、我慢する力は確実に育つものと思われます。しかし、だからといって、我慢する力がその生活単元学習で身につけるべき力であるとは思えません。説明時間をなくすか短縮するかして、本来の目標に向かって活動する時間を増やせば、授業の目的（つまり単元の生活の目的）に即した質の高い学びが保障できます。「活動あって学びなし」とは思いませんが、「活動あって質の高い学びなし」は大いにあり得ますし、その意味で、質の高い学びを保障しなくてはなりません。その質の高い学びを保障するには、活動自体を質の高い「本物の生活」にすることが必要です。

知的障害教育では、経験主義教育の魅力に着目し、質の高い生活の実現（それはすなわち質の高い学びの実現）をめざして、戦後当初から今日まで「各教科等を合わせた指導」などの、生活に根ざした教育の充実・発展を図ってきました。

❷ 知的障害教育の歴史から学ぶ学校生活づくり

戦後知的障害教育の発足

一九四七年に学校教育法が施行され、学校教育法体系のもとで戦後の知的障害教育が発足しました。戦後初期においては、知的障害教育は小中学校に設置された特殊学級が主たる教育の場でしたが、戦後混乱期のこともあり、その実践は困難を極めました。特殊学級で対象とする障害種は、今日の学校教育法とほぼ同様に規定されていましたが、実際には多様な障害の子どもが在籍し、さらにはいわゆる学業遅進の子どもが在籍することもありました。そのため学級在籍数は増大し、なかには一学級六十人以上の在籍数を数える学級さえある状況でした。このような困難な状況下での教育では、通常教育の内容・方法をなぞり、系統的な教科内容を教科別に指導する方法がとられました。知的に障害のある子どもにふさわしい教育を模索する余裕はなかったのです。

通常教育の内容・方法をなぞるといっても、知的に障害のある子どもに当該学年の内容を指導することは困難です。そこで、習得可能な学年の内容まで難度を下げて指導が行われました。この方法は、いわゆる学業遅進の子どもには、つまずいた段階にさかのぼって指導を受けられることから、一定の成果を上げることができました。しかし、知的に障害のある子どもの場合、仮に義務教育を終えた段階であっても、小学校の中学年程度までの教科内容を身につけることが精いっぱいです。そこで、それらの限られた教科内容について、教えては忘れ、忘れては教え、を繰り返す指導が行われました。習得する学習内容の量は少ないけれども学習時間は通常教育と同じだけ使っていく。少ない学習内容を水で薄めて通常教育と同じ学習時間に満たすということで、この方法は「水増し教育」と称されました。

独自の教育への指向

しかし、この「水増し教育」という教科別の指導法には重大な欠陥があることが、すぐに現場の実践者たちに理解されました。「水増し教育」をいくら丁寧に行っても、そこで達成される教育目標は、「知的能力相当の教科の内容の習得」です。そして、義務教育九年間の学校生活を終えれば、子どもは実社会に出ていくのです。しかも、子どもを迎える社会は、おそらく日本の近現代の中で、最も劣悪で困難な戦後混乱期の社会でした。

「水増し教育」では、どんなにがんばっても小学校の教科の初歩的内容を学ぶことで精いっぱいです。それらは、きわめて過酷な社会を生き抜いていく力につながる内容であるはずがありません。しかも、それらを最大限身につけても、教科の初歩的内容で終わるのですから、義務教育年限における通常教育の目標すら達成していないことになります。教育課程はその体系の全体を履修して初めて学習として完結するものです。知的障害のある子どもが通常教育課程を履修する場合、この完結ができないのですから、教育課程論から見ても、「水増し教育」が不適切な教育であることは明らかでした。

では、「水増し教育」のどこに問題があったのでしょうか。それは明確な教育目標の不在でした。通常教育をなぞることに終始し、知的障害のある子どもにとって真に適切な教育目標を考えることがなかったことが、「水増し教育」が有する問題の根幹にあります。

そこで、実践者たちは独自の教育目標を模索することになります。その結果見いだしたのが、「子どもの実生活での自立」「社会自立」という教育目標でした。もとより「社会自立」は教育に普遍の目標ではあります。しかし、ここで当時の実践者らが見いだした教育目標「社会自立」は、子どもが現実に生活する実社会の中でたくましく生活していける、というきわめて現実的な具体目標でした。そして、この目標達成に直結する独自の教育が追究されることになったのです。

知的障害のある子どもへの独自の教育の追究を先導したのが、一九四七年に当時の国立教育研修所に設置された、東京都品川区立大崎中学校分教場（一九五〇年から東京都立青鳥中学校、現在の東京都立青鳥特別支援学校）です。この分教場は、当時同研修所にあった三木安正先生（全日本特殊教育研究連盟初代理事長）の尽力によって設けられた新制中学校特殊学級の実験学級です。ここでは、開設当初より「その教育は生活と生産に直結するものでなければならない」（小宮山倭他編『青鳥十年』東京都立青鳥養護学校、一九五七年）という方針が示され、独自の教育が模索されました。ここでの実践研究の結実であり、知的障害教育を通常教育の単なる追従から離脱せしめ、独自の教育の基盤を確立させた実践が、「バザー単元」（一九五一年）です。校舎移転をきっかけにした、生徒らによる備品購入の資金獲得を目標とした約四か月におよぶ生活単元学習でした。

「バザー単元」と独自の教育課程論

「バザー単元」の実践には、教育内容・方法上、次のような特質が指摘できます。

一つには、活動の超教科性というべきものです。当時、通常教育の現場や、「バザー単元」以前の知的障害教育でも、生活単元学習は実践されていました。しかし、それらは、たとえば社会科などの中心的内容を核とし、それにさまざまな教科の内容を生活活動の文脈に即して配列したものでした。ところが「バザー単元」では、その方法をとらず、核は「バザーを成功させよう」というテーマであり、その核を中心にした活動も、どこまでもその目的達成に必要な生活活動で組織されたのです。通常教育の教科の枠組み、内容などはほとんど考慮されることがなかったといわれます。通常教育への追従の象徴でもあった教科からの離脱が明確にされたのでした。

二つには、教育内容理解の独自性があげられます。当時の教育界では、系統主義（教科中心）、経験主義（生活中心）のいずれの立場であっても、一般に教育内容といえば、個々の内容を抽出し、分類整理することが当然視されていました。通常教育における教科群はその代表的なものであったし、経験主義の立場からも教科に代わる生活経験から抽出した教育内容群として「ミニマム・エッセンシャルズ」「要素表」などが発表されていました。しかし、「バザー単元」の実践では、「これからの勉強は、みんなバザーをやることの中にとけこんでいる」とされ、教育活動は生活活動全体の中に未分化な形で含まれていると仮定されました。教育計画において、内容の分類整理は関心の外に置かれました。

以上のように、教科の枠組みや内容にこだわらず、総合的に生活を中心とした教育が展開されました。ここに至って、知的障害教育は、教育目標「社会自立」をダイレクトに実現する独自の教育を方向づけることができたのです。

「バザー単元」は、今日の生活単元学習の原型です。また、ここで展開された、実社会と直結した生産活動を年間を通じて恒常的に展開することによる方法（当時は「学校工場方式」といわれました）は、今日の作業学習の原型でもあります。

以降、一九六〇年代にかけて、知的障害教育は、どこまでも現実的な実生活での「社会自立」を目標とした教育実践を徹底させていくことになります。

「現実度」の追究

現実的な実生活での「社会自立」を目標とする教育では、実生活に直結しない形での「水増し教育」的な系統的教科別の指導から離れ、実生活に近づいた教育活動が追究されました。「現実度」の追究という言葉で、子どもの生活活動が大胆に教育活動に採り入れられました。「現実度」を追究する教育実践には、子どもの学校生活を、できるだけ現実の社会生活、家庭生活に近づける努力が払われたところに大きな特徴があります。このことは同時に、過去の学校教育の方法が有していた課題の克服につながりました。

「現実度」という言葉の意味を、三木先生は次のように説明しています。

よく遅滞児の教育は具体的でなければならないというが、これは、むしろ現実度という概念におきかえた方が適当だろう。ただ具体的というだけでは、いわゆる物理的環境の問題にすぎないからである。（三木安正編『精神遅滞児の生活教育』牧書店、一九五一年）

この時期に言われた「現実度」は、当時の過酷な生産社会での生活を指向しました。この子たちが社会に出ていくことを考えるとき、甘い理想は語っていられない、そんな緊張感が、「現実度」という言葉の中に感じられます。

この緊張感が、いわば「本物の生活」を教育において指向させたのではないかと考えられます。このような、当時の実践者の堅固な意識は、今日の知的障害教育実践の中で再認識され、実践の発展の大きな原動力となっているのです。

通常教育の方法を無批判に採用し、教科中心の教育課程のもとで、「学校だから」と自明のこととされていた教育のさまざまな内容・方法が、子どもと子どもを取り巻く社会に即して見直されました。これまでの学校教育の「当たり前」を疑い、知的障害教育に最適な内容・方法が求められました。その結果、子どもの生活活動そのままを、教育活動として大きく位置づけるようになったのです。

こうして、子どもの実生活に直結しにくい系統的な教科別指導中心の実践を離れ、子どもが自立的に取り組める、子どもに合わせた生活単元学習などを中心とした教育活動が、各地で展開されるようになりました。

3 「現実度」とは

「現実度」と「具体的」、その違い

三木先生が語られる「現実度」の概念について、もう少し掘り下げて考えてみましょう。

三木先生の文章では、「現実度」の概念は、知的障害教育でしばしば言われる「具体的」な授業とは異なることが指摘されています。

いきなりここで寄り道ですが、今日、自閉症教育の進展に伴い、「具体物の提示」の有効性が強調されます。もちろんそのことに異議はありませんが、知的障害教育では、このことが三木先生の文章が書かれた当時（一九五〇年代）には、当然の留意事項となっていたということは注目してよいでしょう。実のところ、戦前から具体的な教育の必要性は叫ばれていたのです。教育においても歴史を学ぶこと、温故知新は大事です。それだけに、一九五〇年代の「現実度」の考え方を、現在の教育の中で学び直すことも大切です。

さて、その「具体的」と「現実度」の違いは何かということです。三木先生は、「ただ具体的というだけでは、いわゆる物理的環境の問題にすぎない」と言われています。それが両者の違いを簡潔明瞭に述べていると思います。では、実際の授業でその違いはどのように判別するのかというと、考えてしまいます。そこで、以下では、昔も今も知的障害教育でよく行われる「買い物」の指導場面を例にして考えてみます。

買い物の指導の「具体的」四つのパターン

①　パターンＡ：座学

買い物の指導は、生活単元学習などの「各教科等を合わせた指導」のほか、数学などの教科別の指導などで指導されます。いずれの場合でもよいのですが、まず「具体的」パターンＡの授業は、以下のようです。

「よしおさんは、五〇〇円を持ってジュースを買いに行きました。ジュースは一本一二〇円でした。では、よしおさんはジュースを何本買えるでしょうか」というような、問題プリントを用意し、座学で買い物に必要な学習をするのがパターンＡです。硬貨のイラストを載せたプリントを用意して、「このお金は何円ですか?」という問題を解いていくのも、このパターンに含みます。

このような授業を展開すると、先輩の先生から「買い物の勉強でプリント学習をやってどうする!　もっと具体的にやりなさい!」と注意されたりします。プリント教材（最近ではタブレットを使用することもあります）で授業を進めるのは、もちろん仮想の場面を設定している以上、ある程度は具体的とはいえますが、確かに先輩の先生の言うとおり、もっと具体的に指導したいものです。

②　パターンB：模擬貨幣

では単なる座学ではなく具体的に、ということで、模擬貨幣を使って買い物のシミュレーションを行うことがあります。いわゆる「お店屋さんゴッコ」での学習になります。これは、パターンAよりも確かに具体的です。

このような授業であれば、実際の買い物での品物とお金のやりとりを動作で再現することができますので、座学で学ぶよりも多面的な買い物の学習を行うこともできます。

ところが、この場合も「おもちゃのお金で『お店屋さんゴッコ』などしてどうするんだ！　本物のお金があるんだから本物を使いなさい！」と指導されたりします。「せっかく具体的にしたのに」「自分はほめられて伸びるタイプなのに」とこぼしたくなりますが、確かに本物の貨幣のほうが模擬貨幣より具体的です。

③　パターンC：本物の貨幣での学習

小学校や中学校の場合、生徒指導上の理由で本物の貨幣の持ち込みを避けている場合がありますので、模擬貨幣の使用が精いっぱいの具体化ということもあります。とはいえ、本物の貨幣が使えるのであれば、やはりそのほうが具体的でしょう。

そこで、「具体的」パターンCの指導では、本物の貨幣を使用することになります。教室に本物のレジスターを持ち込み、あたかも本物のお店のようなセッティングを作ります。品物も、本物をスーパーマーケットから買ってきて、かごに入れ、棚に並べ、教室は「お店」に早変わり。教師はエプロンをして店員役になり、子どもは財布に本物のお金を入れ、教室の「お店」で買い物をします。

ここまでやれば教師の教材準備も相当な労力を払いますし、買い物も本格的になります。子どもたちもワクワク感をもって取り組めます。

こういう指導を授業研究会で公開すれば、参加者からも「子どもたち、楽しそうでしたね」「先生は本物の店員さんみたいでしたね」などと賛辞をいただけるようになります。これらは当然、教師の努力に対して的を射た授業評価でもあり、授業者である教師にとって手応えになります。それでも厳しい先輩は「教室で『お店屋さんゴッコ』をやってどうなるんだ。学校の外にはコンビニやスーパーがあるだろう！」と指導してきます。こうなるともう「文句ばかりで、いい加減にしてほしい！」と思ってしまいますが、確かにもっと具体的に、という点ではそのとおりです。

④　パターンD：校外の店での学習

以上のような厳しい（口うるさい？）指導に学びながら、最後のパターンDにたどり着きます。

パターンDは、学校外の店での実際の買い物の学習ということになります。たとえば、子どもたちは、一〇〇〇円など決まった金額のお金を各自持って、「おつりがなるべくないように一〇〇〇円以内でお買い物をしよう」といった目標のもと、学校の近くのスーパーマーケットへ出かけて行き、買い物をします。レジでの店員とのやりとりも経験します。パターンCの授業が教室で行っていたことを、すべて実際の店で行うのです。

このパターンDは、物理的環境としては、実生活での買い物と何ひとつ異なるものではなく、「具体的」の究極ともいえます。

予算内でうまく買い物ができた場合には、シールや拍手、ハイタッチなどでの称賛を受けます。こういう授業であれば厳しい先輩も納得、かもしれません。

「現実度」の高い買い物の学習

以上の買い物の指導の「具体的」四パターンは、それぞれにバリエーションがあり得ますし、単独で行われる場合のほか、これらを段階的に展開する場合や、いくつかのパターンを組み合わせる場合などもあります。いずれにしても、これらは実際の教育現場で行われているものです。

具体化の度合いはパターンAから始まってパターンDに至って徹底されていきますが、これら四つのパターンを「現実度」という視点で見ると、どうなるでしょうか。

「現実度」という点では、これら四つのパターンは、いずれも同じレベルでNGとなります！

つまり、「現実度」という概念は、具体化の程度に必ずしも比例しないのです。

では、「現実度」の高い買い物の学習とは、どういうものでしょうか。それは、たとえば次のような場合です。

学級で畑づくりをしています。無事に収穫が終わり、新しい作物の作付けをすることになりました。そこで、その種と肥料を買いにホームセンターに出かけて買い物をする——これが、「現実度」の高い買い物の学習になります。

この例と、パターンDを比べてみますと、実際の店で買い物をするという点では、何ら差はありません。それならばパターンDも「現実度」があるのではないかと思われますが、残念ながらそうはなりません。

両者の決定的な違いはどこにあるのかといえば、それは買い物という活動に「本物の意味」があるか、ということです。「現実度」の高い買い物には、買い物をする必然性、意味があるのです。畑に作付けをするために、種と肥料を買いに行くのです。そうしなければ、畑は維持できないのですから、まさに必然性のある、意味のある買い物になります。これが「現実度」の高い買い物の学習になるわけです。それに対して、パターンDの場合は、子どもたちが買い物をする必要感も必然性もありません。あくまで学習目的ですので、学習のためという意味はありますが、買い物本来の意味は見いだせないのです。

パターンDのバリエーションとして、ある程度「現実度」に相当する意味をもたせようと、家で必要なものを保護者からリクエストしていただき、それを学校の買い物の学習で買いに行くという方法がとられることがありますが、これとて、本来買い物をすべき時間や場面でもなく、恒常的に続くわけでもありませんから、やはり「現実度」という点ではNGとなります。

つまり、「現実度」というのは、物理的な環境の問題（具体的であるかどうか）ではなく、本来の生活に必ずある「意味」や「必然性」がある活動が展開されているかが、問われるのです。物理的環境の問題ではないというのは、まさしく三木先生が言われるとおりです。

話を買い物の学習に戻しますが、パターンA～Dのような買い物は、買い物の仕方だけを学ぶものです。しかし、実際にはお金を使うということはとても大切なことであり、意味のないところで行うことはまずあり得ませんし、あってはなりません。その辺のことが押さえられずに買い物をすることが、もしも実際の生活で習慣化しようものなら、浪費のようなことにもつながるでしょう。「本物の意味」のない買い物を上手にして称賛される、という授業では、お金というのは意味のあるとき、本当に必要なときにしか使えない大事なものだという気持ちも、育ちにくいのではないかと思います。そうだとすれば、パターンA～Dは、買い物の学習としても不適切と言わざるを得ません。

「現実度」を下げる要因は「お勉強っぽさ」

あくまでも「本物の意味」や必然性がある活動、これが「現実度」の高い活動なのです。

「学習」にこだわると「現実度」は下がる

生活の「現実度」を下げる最大要因は、「お勉強っぽさ」です。「学習」にこだわると、本来の生活がもつ豊かな総合性や実際性が失われ、かえって経験主義ならではの教育効果が下がってしまいます。

たとえば畑仕事での一コマ。みんなで一生懸命にキュウリの収穫をしているときに、教師が二本のキュウリを持ってきて「どっちが大きい？」などと質問することがありますが、本気の仕事に水を差します。それでも子どもは「先生、お仕事始めたな」と察してくれて、「こっちです」などと答えてくれますが、同時に子どもは、「自分たちが楽しみにしているキュウリの収穫を、先生はお勉強の場にしているんだな」と思ってしまうでしょう。この時点で収穫は、生活の場ではなく学習の場に変容してしまうのです。教師のちょっとした言動ひとつで、子どもの生活が本物になるか勉強の手段になるかが決まってしまうという現実があるのです。

筆者は、大学院生たちと授業研究の演習をしています。公刊されている授業記録などを資料に、学生が当番でその授業についてレポート発表し、討論するというものです。

その演習で、ある学生が「買い物学習」の授業記録でレポートをつくってきました。前述のパターンCに相当するもので、学校内に模擬のお店をつくって買い物ゴッコをするというものでした。この時点で「現実度」という点ではすでにNGなのですが、そこでの手立てに注目すべきことが書かれていました。

買い物の手順に沿った台詞を練習するのですが、その中で、レジでのお店の人とのやりとりのはじめに「こんにちは」という台詞があったのです。筆者はこの記述に驚きを隠せませんでした。

筆者自身も日常的にお店で買い物をしますが、レジの人に「こんにちは」と言うことはありませんし、そういう人を見たこともほとんどありません。あるとすれば、それはだいたいレジの人とお客さんが知り合いの場合です。突然「こんにちは」と話しかけられたら、レジの人は驚くのではないでしょうか。

ちょうど学生の中にコンビニエンスストアでアルバイトをしている人がいたので、このことを聞いてみましたところ、レジで「こんにちは」と言ってくる人はいるそうですが、その人は常連さんだそうです。筆者は「こんにちは」とは言いませんが、レジでは「お願いします」とは必ず言います。何も言わないでドンとかごを置くのに失礼な空気を感じていますので、必ず「お願いします」と言うのですが、それでさえレジの人に「お客さんがしゃべった！」という感じで驚かれることがあります。まして、いきなり「こんにちは」はどうでしょうか。

なぜお店の人とのやりとりに、このように不自然な台詞が入り込んでしまったのでしょうか。それはやはり「あいさつは大事」という一般的には正しい教育価値に教師がこだわるあまり、現実では不自然な場面であるにもかかわらず、その活動を取り入れてしまったということだと考えられます。「こんにちは」は大事ですが、実際の生活の中では、言うべき場面、言うべきではない場面があります。そのようなことも、「現実度」の高い授業をしていれば自然に見分けられるはずですが、学習にこだわると、ごくごく当たり前の生活の姿でさえも、私たち教師は見失ってしまうのです。

形式的に本物に近づけることで、かえって「現実度」が下がることも

「現実度」の追究にあたっては、本質的には「意味」の部分が本物であるかということが重要

作業学習は「お仕事ゴッコ」ではない

ですが、そのことは当然、活動そのものを本物にしていくことを意味します。活動がいかに「本物の生活」になっていくかが、「現実度」の高い生活であるかどうかの生命線でもあります。

しかし、「本物の生活」をめざす努力が、かえって「現実度」を低めてしまうこともあります。たとえば……。

作業学習は、本物の仕事に打ち込むことでこそ、その力を発揮する指導の形態です。「お仕事ゴッコ」ではない、実社会にきちんと位置づくものづくりや労働に生徒たちが主体的に打ち込むことを追究します。作業班はさながら小さな会社であり、班長を中心に、みんなで力を合わせ知恵を絞って作業班経営をしていくことになります。ということで、「作業班は会社だから」と、班長のことを「社長」と称している場合があります。「作業班は会社と同じ→班長は社長」という論理です。作業学習を本物に近づけようという努力のひとつかとは思いますが、班長をわざわざ社長と呼ぶようになると、その作業学習はたちまち「会社ゴッコ」になってしまいます。本来たくましい青年である高等部生徒が「社長」とか呼ばれている、あるいは呼んでいる姿を外部から見れば、たとえ仕事が本物であっても、かわいらしい「会社ゴッコ」に見えてしまいます。

この例の場合、作業班は、意味や心意気としては実際の会社に肩を並べる気概が間違いなく必要ですが、実際の会社ではないことは明らかです。それなのにあえて「社長」という役職名を取り入れることで、「現実度」が下がってしまうのです。そうではなく、名称は「班長」でよいわけで、意味のレベルできちんとしたリーダーシップをとっていけばよいわけです。そうすれば、実社会に出て、本物の社長という会社のリーダーの存在に接しても、それに通じるリーダーであった班長がいた作業班での経験は、会社のリーダーとしての社長を認めやすくします。

作業学習で「給料」を出しているところは、しばしばあります。生徒個人に金銭を与えてよいかという問題は無視できませんが、「現実度」という点からも、望ましいこととは思えません。作業学習は、そこでの生産活動や労働活動を社会の中で正しく価値あるものとして位置づける、という本質においては、社会の会社などの生産活動や労働活動に負けないことが大事です。とはいえ、やはり会社そのものではないということは、すでに述べました。ましてや会社員にとっては、給料は生計を立てる上で必須ですが、作業学習に取り組む生徒には、生計を立てる必要性はありません。したがって、作業学習での「給料」は、不自然なものとなります。

社会の中で価値ある仕事をするという必要感は、会社員にも、作業学習に取り組む生徒にも共通のものですが、給料をもらわなければ生活できないという必要感は共有できません。

ではなぜ、あえて作業学習で「給料」を出すのかといえば、「働くことでお金がもらえることを学ぶ」「給料の使い方を学ぶ」という趣旨のようです。しかし、こういう目的での金銭の学習をすることの不自然さは、前述の買い物の学習の問題点と同一です。

生計を立てる必要のない中で「給料」をもらえば、それは結果的に給料というよりもお小遣いにより近いものになります。本来の給料よりもお小遣いにより近い意味づけであるにもかかわらず、それを「給料」として受け取り、使用すれば、それは本来の給料の理解と異なるばかりか、使用法ではお小遣いと同じものになり、給料の不適切な使用方法を学ぶことにもなってしまいます。給料とお小遣いは全く違うものですから、正しい給料の意味を学ぶことにならないどころか、正しくない学びをしてしまうことになります。

作業学習で販売などに取り組めば、当然、対価として収入があります。本物の、本気の作業学習をしていれば、その事実だけで十分です。むしろそこにこそ、本物の「働くことでお金がもらえる」があります。これを「給料」にすることで、たちまち「現実度」が失われるのです。収入で、作業班に必要な材料や道具などを購入すれば、本当の意味で必要なときにお金を使うという意味が、実際的に、本音で学べます。それで少し余ったお金で、みんなで打ち上げをするというぐらいなら、自然でしょう。

学校ゴッコ

三木先生らは、「現実度」にかかわる論考の中で、しばしば「学校ゴッコ」という言葉（もしくはそれに類する言葉）を対置して、語られました。

たとえば、以下のようです。

一般に、生活学習というと、教材の配列が日常生活的なものに関連させられているというようなものが多いのではないかと思われるが、われわれの考えているのは、もっと端的に生活ととり組んで行こうとするもので、そうでなければ遅滞児にとっては、所詮「学校ゴッコ教育」に終ってしまうと思うのである。（三木安正編『精神遅滞児の生活教育』牧書店、一九五一年）

経験主義教育を理論的背景にもって成立した当時の知的障害教育の現場では、実践で使われる言葉の概念にはあまりこだわりのないところがありました。その結果、一つの言葉の意味が多義的であったり、あいまいだったりすることもありました。余談ですが、一九五〇年代以降、系統主義教育の立場から生活単元学習などの経験主義教育への批判が高まりますが、言葉の概念にあまりこだわらない経験主義陣営のおおらかさ（？）が、理論的に緻密な系統主義陣営に突っ込まれることもあったようです。

「学校ゴッコ」の概念もまた、多義的（悪く言えばあいまい）でした。「学校ゴッコ」という言葉は、おおむね二つの意味で使われていました。

一つの意味は、「通常の学校のマネをすること」でした。これは通常教育と同じように教科書を使って「水増し教育」を行う実践への批判を込めた用法です。

もう一つの意味は、当時（一九四〇年代後半期から一九五〇年代）の通常教育における経験主義教育でも行われていた「ゴッコ学習」のことです。「ゴッコ学習」は、座学ではなく、「お店屋さんゴッコ」のような模擬的な活動を行うことで実際の社会の仕組みなどを学ぶ、という方法でした。これは経験主義の方法ではありますが、「現実度」という観点から、この方法も三木先生らは批判したわけです。

実際には一つめの意味で用いられることが多かった「学校ゴッコ」ですが、いずれの意味でも共通するのは、「本物の生活」になっていないということです。ここに「学校ゴッコ」という言葉の本質的な意味があったようです。そして、「学校ゴッコ」をやめ、「本物の生活」を追究するというときに、「現実度」という言葉が用いられたのです。

三木先生の直弟子であり、戦後知的障害教育の実践の発展と理論化に大きな足跡を残された杉田裕先生は、「安易な教師の自己満足のための『学校ゴッコ』をもって知的障害教育であるというわけにはいくまい」（『精神薄弱児研究』第Ⅱ巻第一号、一九五七年。一部を現代表記に置換）と、手厳しく述べていらっしゃいます。

本物のゴッコ、偽物のゴッコ

以前、現場の先生方に「現実度」や「学校ゴッコ」について話をさせていただいたときに、次のような質問をいただいたことがあります。

「小学部の遊びで、ゴッコ遊びをしているのだけれど、望ましくないでしょうか？」

もちろんこの先生は、子ども主体の「本物の生活」づくりをめざしている先生です。遊びも本物の、子どもが思いっきり遊び込めるものを追究されているわけですが、その中で、ゴッコ遊びをしていると本物ではなくなってしまうのか、という懸念からの質問でした。

これに対して、次のように回答しました。

「ゴッコにも本物のゴッコと偽物のゴッコがあります。子どもが本音で楽しんでいるのは、本物のゴッコです。本物のゴッコであれば、本物ですので、思いっきりやってよいと思います。『学校ゴッコ』として批判されているのは、いわば偽物のゴッコです。なぜなら、それらは楽しいからやっているゴッコではなく、何かを教える手段になっているからです」

つまり、子どもが遊びとしてやっているゴッコは、それ自体、子どもは遊びとして楽しんでいるのです。あくまで「ゴッコ」であることは子どももわかっていて、だからこそ楽しいわけです。「電車ゴッコ」をやっている子どもが、「自分は将来、電車の運転手になることを志望しているので、そのための準備として電車ゴッコをしています」なんてことはありません。もちろん、「運転手さんになりたい」と思っている子どもはいるかもしれませんが、その準備で「電車ゴッコ」をしているのではなく、「電車ゴッコ」が楽しいからしているのです。

それに対して、経験主義教育の中で行われていた「ゴッコ学習」は、そこで何かを教えようとする手段として用いられています。それは、子どもが遊びの中で本来する「ゴッコ遊び」とは異質のものであることは、間違いありません。

誤解のないように申し添えるとすれば、遊びを何かの指導のための手段として使うことは、指導法としては大いにあってよいものです。教科の授業に遊びを取り入れて、より効果的な指導を行うことはしばしばあります。カルタを使って文字や言葉を覚えれば、楽しみながら学習ができます。

ただし、本物の遊びをしているときには、そのような手段としての遊びは不適当であるということであり、その文脈で考えれば、ゴッコ遊びも、適切な場合（本物のゴッコ）と不適切な場合

（何かを教えるために行われる偽物のゴッコ）があるということです。
本物のゴッコは、「現実度」の高い、ドキドキするような楽しい本物の遊びになります。本物の遊びは、子どもが主体的に活動するよい姿を実現し、その過程で特定の内容に限らない、総合的で実際的な多様な学びも必然します。

練習・訓練と「現実度」

「現実度」の高い生活は、模擬的な活動ではなく、本物の活動（本物の意味も伴った）を大事にするわけですが、そのことと関連して現場の先生から、次のような質問を受けたこともあります。

「修学旅行で新幹線に乗ります。駅に着いたらすぐに降車できるように、体育館にパイプ椅子を新幹線の椅子と同じように並べて、すぐに降りる練習をしています。これは不適切でしょうか？」

これについては、この種の練習に時間を割くよりも教師側の体制づくり（誰が先頭で出るか、誰がどの子につくかなど）を詰めておくほうがよいかと思います。練習が全く役に立たないとは思いませんが、他のお客さんが乗っていたり、停車時間の長短が生じたり、あるいは乗車中の子どものコンディションに変化があったりと、思うようにいかないことが多いと思われます。なまじ練習をすることで、アクシデントに対応できないこともあり得ます。練習をして力をつけるよりも、知的障害教育の支援論である「できる状況づくり」（この場合は教師の体制づくり）を大切にしたほうが、実際的だと考えられます。

さらに、ふだんの生活で、集団でのスムーズな移動が求められる場面での支援を充実させ、スムーズな移動が日常化していれば、新幹線という日常とはいえない場面でも生かせる力を実際的に身につけていけます。ふだんの学校生活を見渡しても、朝会時の教室から体育館への移動や近隣への外出時のバスや電車の乗降など、新幹線での移動に類似する場面はいくらもあります。そういう実際の場面を支え、確かな力をふだんから蓄えておきたいと思います。

「現実度」の高い対応では、練習や訓練よりも、本物の生活の中での支援の質を高めていくことを優先することになります。

また、新幹線の降車の練習に時間を割くより、学校での限られた生活時間の中では修学旅行の活動以外にも、もっとすべき本来の生活があるはずで、それを犠牲にしてこの種の練習や訓練に時間を割くことは極力避けたいということも重要なポイントです。

練習や訓練に効果がないということはあり得ません。ともすれば練習・訓練と「現実度」の問題は、「あれか、これか」で考えられがちですが、どちらも教育活動としてはあってよいものです。要は、教育目標である子ども主体の生活の実現ということを考えた場合に、どちらを優先すべきか、ということです。

避難訓練は？

それでは、火事や地震の避難訓練はどうでしょうか。この種のことは日常では類似した活動はありませんし、あってもいけません。教師もほとんど経験のない状況でもあります。この種の非常災害に関しては、実際の生活で積み重ねるということはあり得ませんので、訓練は行うべきでしょう。しかしその場合も、努めて実際の状況に近づけ、教師自身も真剣に、「現実度」の追究がもっている緊張感を自覚しながら進めていくことが必要です。火事の避難訓練における発煙などは、単なる演出ではなく、日常では経験しようのない実際の場面を少しでも再現する最大限の努力です。

そのように訓練であっても、物理的環境面・子どもや教師の意識などの面で最大限に「現実度」を高め（当然限界はありますが）、取り組むことが必要です。

その上で、避難活動そのものではないにしても、ふだんの学校生活の中にある集団での移動場面などを適切に支援し、スムーズに移動する力を養っておくこと、それらを積み重ねながらより精度の高い教師の体制をきちんと詰めていくことなどは必要ですし、有効です。

前述のように、練習や訓練に効果がないというようなことはあり得ません。「知的障害教育は練習・訓練はだめ、本物がよい」と紋切り型の「とは論」「べき論」ではなく、教育目標を見据えながら、最善の方法を考えていくことが必要です。ですから、日常生活で現実に遭遇する機会のまれな（というよりあってはならない）災害への対応の場合は、可能なかぎり実際的な活動になるように努めながら、避難訓練という形で実施していくことになります。

本物の「ほうれんそう」

キャリア教育が盛んになってきたせいもありましょうか、特に作業学習の授業などで「ほうれんそう」重視の授業場面を多く目にするようになりました。

「ほうれんそう」とは、言うまでもなく「報告・連絡・相談」です。実際の授業では、特にあいさつや報告に力を入れているようです。

「現実度」の高い生活では、不自然に場面を増やしたあいさつや報告はNGです。あいさつや報告を教えたいばかりに、不自然にその場面が多い授業をしばしば目にしますが、実際の生活でそのようにしていないのですから、そのような指導は、学び方としても不適当でしょう。進路先の方から、「やたら報告が多くて困る、自分で考えて進めてほしい」という声を聞くこともあります。忙しい現場で、いちいち呼び止めてあいさつを丁寧にしたために迷惑をかけてしまった、ということもありました。

「作業学習」というより「報告学習」「拍手学習」？

不自然に場面を設定して行われるあいさつや報告は、いかにも練習で、本物とは言いにくいものですし、不自然な場面での不自然な行為ですので、せっかく身につけても、実際の生活では、かえって不自然さを増したりします。

ですから、本物のあいさつや報告は、やっぱり自然な場面で、意味ある形で行いたい、これが「現実度」の高いあいさつや報告です。

不自然なあいさつ、報告

ある作業学習でのこと。一人の生徒が一番乗りで作業室にやって来て、自分から作業準備をし、作業に取りかかりました。「この仕事が好きなんだなあ」と好感をもってその様子を見ていましたが、先生が入ってくると手を止め、待機。どうしたのかな、と思いましたが、そこでは全員がそろって、あいさつをしてからでないと仕事は始めないようでした。流れ作業ではありませんでしたので、一人で作業を進めていても問題はなかったのですが。

とはいえ、先生が来られてからはルールどおりに、集合↓あいさつ↓先生のお話と時間は流れ、ようやく作業スタートです。そこでの先ほどの生徒の姿は、先生が来られる前とは打って変わって、ゆっくりとした仕事ぶり。楽しさは感じられなくなっていました。なぜか。それは先生が「一〇個できたら、先生に報告に来てください」という指示を出していたからです。製品づくりよりも正確な報告が課題とされたため、本物の仕事ではなくなったのです。その生徒は、一〇個を数え、生徒から離れたところに座っている先生のもとへ行き、「できました」と報告。先生は数を確認し、「できましたね」と称賛し、拍手です。他の生徒も拍手です。このようなことが作業時間中、繰り返されます。生徒は数人いますから、ほぼひっきりなしに称賛と拍手です。仕事に集中するどころではありませんでした。作業学習というよりは、「報告学習」「拍手学習」というような不自然さでした。

先生と生徒が一対一で報告の練習を一生懸命している横で、製作途中の作業製品が床に落ちている。それを生徒も先生も拾わない、ということも時にあります。本来お客さまの手にわたる大事な製品を床に落としてよいはずはありません。「よい製品をたくさん作ってお客さまに喜んでもらおう」という本気の作業学習のテーマがあれば、床に製品が落ちればすぐ拾うでしょうし、そもそも落とさないように細心の注意を払うはずです。それよりも、報告の練習のほうが大事だから、このようなことが起こってしまうのではないでしょうか。

あいさつや報告を重視する授業では、「たくさん作ってたくさん売ろう！」というような作業本来の目的は脇におかれがちです。こういう目的は、作業に本気で取り組むメインエンジンみたいなものです。それがないのですから、勢いもやる気も出ようはずがありません。報告だって本気でする気にはならないでしょう。道具の不具合で仕事が止まっても「私のせいではありません。よい機会ですので少し休憩」となります。それを見た先生から、「きちんと報告しなさい」と指導されても、本来の目的のない作業なのですから生徒の判断のほうの肩をもちたくなります。

それでは、ということで「報告したらシールをあげる」という具合に目当てをつくりますが、本気になれる目標を外しておいて、無理に活動に意欲を、というのもつらい話ですし、こういう手立てが増えてくればどんどん作業が不自然になっていきます。さらには、「シールが一〇枚たまったら家でゲームを一時間やってもよい」などの特典まで付いていることがあります。がんばってシールがたまればたまるほど、家庭生活のリズムが崩れてしまうのでは、と心配です…。

本気の目的がある作業では、あいさつや報告も本音で自然に出てきます。道具の不具合があれば、すぐに「先生、助けてください！」と声がかかります。なぜなら、仕事に没頭していますから少しでも手を休めたくないからです。精いっぱい働いた後は、元気に「お疲れさまでした！」

とみんなで労をねぎらい合います。メインエンジンである仕事のやりがいや手応えがあるからです。そういう自然で、実際的な場面でこそ、本物のあいさつや報告も身につきます。

「現実度」の心

以上、「現実度」ということについてさまざまに考えてきました。「現実度」の高い生活に必要な条件は、要約すれば以下の二点になります。

・自然な生活であること
・意味のある生活であること

これらに留意して、本物でやりがいと手応えのある生活がつくれれば、それは「現実度」の高い生活となるでしょう。

「現実度」について考える最後に、もう一つだけ現場での例をあげます。やはりあいさつの例です。

ある作業学習での一コマ。ある生徒が作業に必要な道具を別の部屋に取りに行きました。そして元気に「ただいまぁ」と作業室に戻ってきました。それを聞いた他の生徒たちは一斉に「お帰りなさい」と。お互いの仕事を信頼し、労をねぎらう思いがあふれる言葉に、筆者は率直に感銘を受けました。

このとき、「現実度」の高い生活ということについて思いました。確かに「現実度」の高い生活は、上記の二つの条件（自然な生活であること、意味のある生活であること）が必須ですが、それにもし加えるとすれば、

・心がこもっていること

があげられるでしょう。

人と人とのかかわりの中で、心のこもったおつき合いがあることも、「現実度」という生活の質や豊かさを保障する大事な条件だと思います。

❹「現実度」の高い生活をつくる

主体性の確立

知的障害教育の歴史は、まさに知的障害のある子どもが学校生活において主体性を確立していく過程でした。そのことを少し考えてみます。

戦後の知的障害教育においても、本人の思いにかかわらず、障害を理由に就学免除や就学猶予の規定により、そもそも教育対象から除外されていた時代が長く続きました。さらには、学校に通学することができたとしても、教室にいながら障害のない大多数の子どもたちの中で、通常教育の内容が合わずに学習機会を奪われ、真の居場所のないまま、物理的な居場所ばかりを得ていた（いわゆる「お客さん」）時代が長く続いてきました。

このような状況は、前述の知的障害教育の独自の発展過程で確実に解消されていきました。子どもたちは、この教育の先人たちの不断の努力のもと、適切な教育環境をしだいに得ながら、真に居場所を得、やりがいのある学校生活を獲得していったのです。それはまさに学校生活における主体性発揮の充実・発展にほかならないのではないでしょうか。

このような主体性の確立は、今日でも、あらゆる授業場面で子どもに教育活動を合わせていく努力と共に進めていかれるべきものと考えます。

生活性――本物の生活の追究

主体性の確立は、教育における普遍的な理念――ひいては人がより良く生活する上での普遍の理念であると言ってもよいものですが、教育を具体化する上では、唯一の要件ではありません。というのも、主体性は、意思的側面を規定しますが、教育の内容については、とりあえず自由だからです。しかし、自由だからといって、主体的であれば、どんな活動をしてもよいということにはなりません。当然、その活動内容が考えられなければなりません。そこで、子どものあるべき姿を考えます。その姿を明確にしていく中で、主体性を発揮するに足る教育の内容も明らかになります。

そのためには、教育目標に立ち返ることが必要です。

「生活の自立」の実現を願うのであれば、子どものあるべき場としての生活そのものを、教育の内容として位置づけることになります。子どもたちが「現実度」の高い、本物の生活に主体的に取り組むことができれば、本物の生活の主体者となります。日々、主体性を発揮して本物の生活を積み重ねれば、将来においてもより主体的な生活者となるでしょう。

そこで、学校生活を、生活単元学習や作業学習を中心に本物の生活として整えていくことになります。ソーシャルスキルや教科の内容を集めて生活の中で指導するような生活では、本物の生活とはいえません。

学校生活は子どもにとって日中の中心的な生活ですから、そのような生活にふさわしく整えていくことが求められます。このような生活の枠組みのもと、一つひとつの活動に対する行き届いた支援の中で、実際的な生活に取り組みながら、より実際的に生活力を高め、生活者として育っていくのです。

実際的な生活を中心に積み重ねることで、将来の実社会での生活に自然につながっていきます。知的障害教育が歴史の積み重ねの中で実践的に確かめてきた児童期から青年期への生活の発展形態である、生活単元学習から働く作業学習への経年的なシフトは、そのような生活の実現を願ってのものでした。生活単元学習では、小学低学年段階では遊びが中心となり、やがて高学年に近づくにしたがって働く活動がテーマとして位置づけを多くしていきます。そして中学以降の作業中心の生活へと移行していく。さらに卒業後の社会生活へと連なるのです。

本物の生活をまるごと営んでこそ、やりがいのある生活を営んでこそ、本物の生活者になることができると考えるのが経験主義の教育論です。

主体性と生活性の相互作用

このように考えてきますと、子どもにとって豊かに活躍できる「現実度」の高い生活は、主体性と生活性をそれぞれに有しているということが見えてきます。

真に主体性が発揮される生活は、必然性があり、やりがいのある生活です。本物の生活は、必然性があって、かつやりがいのある生活の実現を容易にします。やりがいのない生活は、本物の生活とは言いがたいもの、と言うこともできます。

また、本物の生活、実際的な生活というものは、自然で取り組みやすい流れをつくり出しています。このような自然性は、自ずと主体的に取り組みやすい状況づくりともなります。

その人にとって、「これは自分の生活」といえる生活とは、それが辛くても苦しくても、その人が打ち込む生活に違いありません。それは、まさに生活の中で主体性を発揮した生活です。生活性や本物の生活というものを、そこまで踏み込んで考えるならば、真に質の高い生活とは、主体性を必然しているものということができます。そして、主体的に打ち込む生活であればこそ、その過程で確かに生活力を養うことができるのです。

自立や社会参加の実現を図る教育を追究するのであれば、真に質の高い本物の生活を学校生活で実現していくことが求められます。

本物の生活の中での本物の主体性

「主体性」「子ども主体」「主体的な取り組み」等々というと、「主体的なことばかりではなく、やりたくないこと、いやなこともするように指導するのが教育ではないか」という批判をいただくことがあります。子どもが主体性を発揮する授業では、子どもが笑顔で取り組む姿、活動に没頭する姿が実現されますが、確かにこれらの姿は「いやなこと」に取り組んでいる姿とは対極にあるように見えます。

しかし、この批判は、主体的に活動することを、「好きなことやりたいことをする」ということと混同しているものと考えられます。

確かに学校の中で行われる「子どもの主体性を大切にする」と称する授業では、「好きなことを選ぶ」「自分で選ぶ」などの活動がしばしば盛り込まれます。「好きなことを選ぶ」「自分で選ぶ」が前提となる「子ども主体」はまことに快適そうです。ですが、現実はそんなに都合のよいことばかりでしょうか。残念ながら筆者は、現実の生活、本物の生活ではそんな夢のような主体性はそういつもあるわけではないと考えます。

ここに、主体性と生活性の一体化、「現実度」の高い本物の生活の中での本物の主体性ということを考えることが求められます。教育的空想ではない、リアルなものの考え方が教師に求められるのです。

本物の生活の中での、本物の主体性には、たとえその活動が苦手な活動であったり、やりたくない活動であっても、すべきことであるなら前向きに取り組んでいく姿勢をも含むものです。

たとえば、作業学習で納品が近づいたころの製品づくりは緊張感がいっそう高まります。納期までに製品ができないかもしれないというようなときは逃げ出したくなります。それでも前に向かっていく姿には、本物の主体性が力強く働いています。販売会当日、人に話しかけるのが苦手な生徒が、製品が売れるようにと、逃げずに勇気を出して「いらっしゃいませ」と接客する姿にもまた、本物の主体性が見いだされます。

小学部の遊びは、作業学習などに比べれば、より自由に好きなことをしてよい活動です。好きな遊びに思いっきり没頭すること自体が本物の主体性の発揮です。それでも大好きな遊具で遊んでいるときに、他の友だちがその遊具で遊びたそうにしているのを見て、少し我慢して遊具を譲る姿などは、本物の主体的な姿と見てよいでしょう。

話は少しそれますが、長年子どもたちとの生活単元学習を楽しんでいた筆者の友人が、ある年の四月、行政に異動となりました。子どもたちと過ごせなくなったばかりか、行政の仕事はそもそも苦手な様子。本人はもちろん、筆者もずいぶん心配しました。ほどなくしてメールをいただいたのですが、慣れない行政の仕事の中で「毎日、『今日は○○をしよう』と目標をもってやるようにしている。生活単元をやってきていると、苦手なことも目標をもってがんばれる」とのこと。なるほど！と納得しました。この友人は子どもたちと共に目標に向かってがんばる生活を積み重ねてきたことで、新しい環境でも目標をつくって主体的にがんばれるようになっていたということです。

子ども主体の生活を積み重ねるということは、そのこと自体はもちろん、将来においても豊かな主体性を養うのです。

「生きた力」を支える

今日、キャリア教育の普及に伴い、教育目標「自立」に新たな光があたっています。当初、知的障害教育に導入されたキャリア教育は、職業自立との関係が深いワークキャリアに傾斜しがちでしたが、理解が進むにつれ、それぞれのライフステージでのやりがいや生きがいを大切にするライフキャリアの視点から教育目標「自立」も理解されるようになってきました。望ましい将来を指向しつつも、かけがえのない今の生活の充実を図ることが意識され、生き生きと活動する姿に自立を認める実践も行われてきています。

ワークキャリアに傾斜したキャリア教育は、子どもたちの日々の生活を訓練化させ、かえって「現実度」を下げているように思います。そのような状況であればこそ、本物の生活に主体的に取り組む、「現実度」の高い、やりがいと手応えのある生活づくりが求められます。

子どもたちが本物の生活に主体的に取り組み、生き生きと本音の必要感から発揮する力は、確かな力として実際的・総合的に身についていきます。これらは、生きていくために必要な力である「生きる力」であると同時に、子ども自身が生き生きと発揮する「生きた力」、子どもにとって本音で意味あるものとして発揮できる「生きた力」でもあります。

「生きる力」を身につけることをめざす実践では、確かに子どもが生活していくために必要な内容を教育内容としますが、一般的には確かに必要と思われる内容でも、目の前の子どもにとって本当に、実際に必要かどうかははっきりしないことも少なくありません。

教師が一般的に生活に必要と考える力を指導する結果、子どもが本音で発揮したいと思う力の発揮が阻害されることもあるのではないでしょうか。「報告する力は大事」ということで、報告の指導に多くの時間を割く作業学習の授業では、本気で働く仕事はとてもしにくいものです。本気で働くからこそ、必要な報告も、本音の必要感からできるはずなのに、形式的な報告スキル（今の生活から切り離された一般的な「生きる力」）に傾斜し、必要感のある本物の報告（「生きた力」）ができなくなるのは皮肉なことです。

子どもたちが本物の生活の中で、本音で必要としている「生きた力」の発揮の支援に努めることこそが、真の「生きる力」を身につけることになります。

教育目標「自立」の実現をめざし、子どもの思いを満たす「生きた力」が豊かに発揮される教育実践の展開が必要です。

⑤ テーマのある生活

テーマのある生活で主体的に

生活単元学習などの授業では、テーマのある生活ということを大事にします。なぜでしょうか。それは、テーマのある生活が主体的な生活となるからです。生活にテーマがない場合、目当てや見通しのない生活となります。漫然と過ごす生活になります。しかし、生活にテーマがあり、しかもそのテーマに魅力があり、テーマに沿ってやるべきことがはっきりしていれば、その生活は、とても主体的な生活になることが期待できます。

テーマに沿った活動は、それぞれに関連性があり、まとまりのあるわかりやすい活動になります。

テーマのある生活の意味

生活にテーマがあることで、見通しをもって意欲的に活動できます。ここでいうテーマとは、

「特別支援学校学習指導要領解説」の生活単元学習の定義に書かれている「生活上の目標」「課題」と重なります。

ところで、生活単元学習でいう生活上の目標や課題のことが、ときに「あいさつができること」「一人でバスに乗れること」「一人でラーメンを作れること」のように、いわゆる学習課題と誤解されることがあるようです。

これらも確かに生活上の「目標」や「課題」には違いありませんが、生活のために学ぶべき学習目標や学習課題ということになります。これらを目標や課題にするのであれば、教科別の指導がふさわしいでしょう。

それに対して、生活単元学習でいう目標や課題は、「プレイルームで遊ぼう」「クリスマスパーティーをしよう」「牧場で働こう」というように、人が生活していく上でやりがいや手応えに通じる目標や課題です。けっして学習目標、学習課題ではなく、まさに私たちが生活の中で当然もつ生活の目標や課題です。ですから、これらは「目標」「課題」という学校の先生が聞くとすぐ学習を連想してしまうような言葉よりは、「生活のテーマ」と言ったほうが誤解が少なくなると思います。

「わかる」をリアルに

「テーマのある生活が大事」ということを言うと、「テーマといってもAさんは障害が重いのでわからない」と言われることがあります。また、たとえば販売会というテーマをめざした作業学習の授業で、障害が重いといわれる生徒が作業に取り組んでいる場合、「Bさんは、販売会を意識して活動しているのか」と質問されることもあります。

これらの意見や質問には、「障害の重い人には、テーマはわからない」という考えがあります。そして、そこから「障害の重い人が、テーマのある生活をする意味があるのか」という意見が導かれます。

筆者は、このような考えや意見に対して、以下のように考えます。一言でいえば、「わかる」をリアルに、という思考が必要だということです。

その人なりに「わかる」

「障害の重い人には、テーマはわからない」という意見には、賛成する部分があります。確かに発達段階が初期の人には、「一〇月一二日は販売会だ」ということを意識化することは難しいでしょう。その点では、「障害の重い人には、テーマはわからない」ということには妥当性があります。しかし、テーマがわかるというのは、その内容を完全に理解しているということのみをさすのでしょうか。

教育の場では、「わかる」というのは、「完全に理解する」と同義で使われていることが多くないでしょうか。ですから、少しでも「わかっていない」場合は、「この子にはわからない」と結論づけられます。「これから先に何か楽しいことがあることはわかるが、日付やそれがあと何日後であるかはわかっていない」という程度の理解では、「わかっていない」とされるのです。

しかし、ここで私たちが実際の生活の中で行っている「わかる」ということをリアルに考えてみたいのです。何かを期待する、何かに向けてがんばる、何かを楽しむ、ということを実生活でする場合、その何かを本当に完全に理解しているでしょうか。人によって当然理解の差はあり、それでもその人なりの理解で、「わかって」活動しているのではないでしょうか。学校に勤務して十年にもなろうというベテラン教師と転勤してきたばかりの教師では、その学校の使命や特色の理解には当然ですが差があります。そのことをもって、「ベテランの先生は学校のためにがんばっているが、新任の先生は学校のことを理解していないから学校のためにがんばっているとはいえない」と言えるでしょうか。ベテランも新任も、それぞれの立場で、その人なりに学校に対するイメージをもち、精いっぱいがんばっているのではないでしょうか。

「わかる」ということに個人差があるのは当然です。十日後に販売会があることがわかってがんばる生徒も、なんだか楽しいことがあると思ってがんばる生徒も、それぞれにテーマをわかってがんばっているととらえることのほうが現実的ですし、自然です。

私たち教師は、学校という特殊な場では、ついそういう現実的な判断を忘れ、現実離れした（つまり「現実度」が低い）抽象的な概念を子どもに押しつけがちです。

ただし、「本来、この子の力ならわかっているはず」と思うことをわかっていない場合は、その子にふさわしいわかり方ができない状況にあるのですから、きちんとわかる状況をつくる必要があることは言うまでもありません。

誰もが意味のある生活の中で

「障害の重い人が、テーマのある生活をする意味があるのか」という意見は、そもそも教師の傲慢さえ感じる意見です。「障害が重い」という理由だけで、「わからない」という理由だけで、子どもを意味のある生活から切り離してよいのでしょうか。前述のように、その子なりにわかるということを大切にしたいですし、「わからない」という教師の判断だけで、その子に他の子どもとは別の場を用意するのには十分慎重でありたいと考えます。

筆者がこのことを考えるのにいつも思うのは、正月の家族の光景です。年の初めに親戚一同が集まり、楽しい宴の時をもちます。そこには生まれたばかりの赤ちゃんもいれば、人生の大先輩である高齢者の方もいます。「赤ちゃんは発達的に正月の概念がないから、そこにいても意味がない」というようなことはまず考えません。赤ちゃんにもいてほしいのです。赤ちゃんは発達的には当然「正月だから親戚一同と過ごそう」なんてことは考えないでしょう。でも、たくさんの人たちから「かわいいね」「あ、笑った」などと声をかけられれば、赤ちゃんなりに居心地のよさを感じているはずです。正月の楽しみは、年齢や発達段階を問わず、誰もがその人なりに享受しているのです。

テーマのある学校生活も、それと同じで、どの子も、その子なりにテーマのある、意味のある生活の中で、力と個性を発揮して活躍する権利があるのです。

「わかる」を実生活のそれに即してリアルに考えることが必要です。

テーマの共有がお互いを当てにする関係をつくる

テーマを共有し、共に活動すれば、お互いを当てにする関係が生まれます。筆者が養護学校（当時）で高等部の担任をしていたころのことです。筆者の担任する生徒の中に、木工班に所属し、障害が重いといわれる生徒が一人いました。その生徒が、作業学習の販売会の直前に体調を崩し欠席しました。すると、そのことをどこからか聞きつけた木工班の班長（先輩）が、血相を変えて教室に駆け込んできて、「先生、A君、今日欠席なの！」と一言。筆者は「そうだよ」と回答。するとその班長は、たちまち筆者の目の前で、「販売会が近いのに、A君休んじゃった。誰が穴開けの仕事するんだよ。困ったあ」ともがき始めました。筆者は何が起こったのか、とただ班長を見つめるばかりでしたが、やがて「よし、こうなったら俺たちでA君の分もがんばろう！」と気を取り直し、去って行きました。

筆者は、この班長の嵐のような訪問に立ちすくむばかりでしたが、内心、とてもうれしい気持ちになりました。障害が重いといわれるA君をこんなにも当てにしてくれている姿がうれしかったのです。

A君のしている作業は、ドリルで木に穴を開ける仕事でした。ドリル台を使い、材は隣の先生がセット、A君はハンドルを上下するだけの単純作業でした。それでも木工班の製品づくりではなくてはならない仕事でした。

もし、「A君には販売会や木工班などという概念はわからないのだから」と作業班に所属しないで、端材に穴開けを繰り返すという活動を用意したとしたら、活動そのものは、木工班のそれと何ら変わりはないでしょう。でも両者には、意味があるかないか、テーマがあるかないか、テーマを仲間と共有できているかいないか、という決定的な違いがあります。端材の穴開けを繰り返すだけであったなら、A君が仲間に当てにされることも、仲間の中で販売会に向けた生活の熱気を感じA君なりにテーマに沿った生活に仲間と共に向かうこともできなかったはずです。

端材の穴開けをするだけの生活と、仲間とテーマを共有する中での穴開けの生活、どちらが豊かな学びや育ちを生みだすかも明らかでしょう。

子どもも教師も共に活動する

子どもたちが、テーマに沿った生活に取り組む中で、教師もまた同じテーマを共有する、共に生活する仲間でありたいと願います。

遊び場で遊ぶことがテーマであれば、教師も存分に遊び、作ることがテーマであれば、教師も製作活動に共に取り組みます。働くことがテーマであれば、教師も共に汗して働くのです。

教師と子どもの関係が、「指導する・される」関係では、子どもの主体的活動は期待しにくくなります。テーマを共有し、共に活動する生活の場での教師と子どもの関係は、「指導する・される」関係より、共に生活する仲間としての関係であるべきです。

子どもが思いっきり遊んでいる場面で、教師が運動技能を高めることや集団のルールを守ることなどの指導に汲々としていては、子どもの遊びはシラけてしまいます。子どもは、何よりも一緒に遊ぶ仲間としての教師を望んでいるのですから。

生徒が額に汗して作業学習に取り組んでいる場面で、傍観している教師の姿は、生徒のがんばる姿に水を差します。生徒ががんばっていればいるほど、何もしていない教師が浮き上がってきます。

教師と子どもの関係が「指導する・される」関係にならざるを得ないような活動であるなら、活動そのもの、また、その生活のテーマそのものを見直す必要があります。

教師は、子どもと共に活動することを前提にして、その中でさりげない支援的対応をしていくことになります。子どもと共に活動することで、共感関係が深まり、子どもの思いに沿った支援が、より的確に講じられるようにもなります。

子どもがアスレチック遊びをしている場面。平均台を渡るときに、手すりを用意しておけば一人で渡れるようになります。でも、それでも上手に渡ることが難しい場合があります。そのようなときに、安定して渡れるように、そばで手を添えるのが教師の役割になります。この場合も、平均台の横に立って手を添えるよりは、できれば教師も一緒にアスレチックコースを進み、平均台を一緒に渡りながら手を添えたほうが共同的であり、自然になります。教師の仕草の少しの違いが、共感的な空気を大きく左右します。

作業中に、仕事の手を止めてしまった生徒への対応では、様子を見て、さりげなく誘いかけ、誘いかけに応じたら、まず手を添えたり、声かけしたりして、仕事のペースを取り戻しやすくするなどの支援をします。

共に活動し、友だち同士で活動できる仲立ちを

子どもの中には、他の子どもたちとは活動せずに、もっぱら一人で活動している子どもがいます。その事情は、一人ひとりの子どもによってさまざまです。「一人での活動を好む子ども」「他の子どもとのかかわりに関心をもたない子ども」「他の子どもがそばにいたり、大勢の中で活動したりすることが苦手な子ども」「他の子どもたちと一緒に活動したいけれど自分からうまくかかわれない子ども」「活動のペースが合わなかったり、他の子どもをたたいてしまったりして敬遠されてしまった子ども」など。

これらの子どもへの対応として、教師が共に活動する中で、友だち同士での自然なかかわりのきっかけがつくられることがあります。

「一人での活動を好む子ども」「他の子どもとのかかわりに関心をもたない子ども」「他の子どもがそばにいたり、大勢の中で活動したりすることが苦手な子ども」などの場合、教師が子どものペースに合わせて活動するようにする過程で、その教師とは共に活動する仲間としての関係ができあがりやすくなります。そうして、一対一の関係で活動していると、他の子どもが教師に関心をもって近づいてくることがあります。ここから、教師への関心だけでなく、子ども同士の関係に広がっていくことが期待できる場合があるのです。また、子どもとの一対一の関係ができれ

ば、教師がその子どもを徐々に他の子どもの活動している場へと誘いかけることも容易になります。

「他の子どもたちと一緒に活動したいけれど自分からうまくかかわれない子ども」「活動のペースが合わなかったり、他の子どもをたたいてしまったりして敬遠されてしまった子ども」などの場合、教師が、「仲間に入れて」と仲立ちをすることで、他の子どもたちとの活動に加わるきっかけをつくることができます。共に活動していれば、たとえばペースの遅れがある子どもには、教師が（遊びであれ、運動であれ、作業であれ）ペースを補うなどのペースの違いを軽減することもできます。また、たたいたりする場面を予測して未然に防げるような状況設定を工夫することなども、共に活動していれば容易です。

特定のある子どもと教師が一対一で活動することは、ともすると、「A先生は、Bさんの先生」というような意識を他の子どもや、時には他の教師にも生じさせることが懸念されます。一対一の関係が安易に継続された場合、このような懸念が現実になり、その子どもの活動の広がりを制限することになります。しかし、他の人とのかかわりに課題のある子どもの場合、特定の教師との関係を仲立ちにして、活動の広がりや人とのかかわりが広がることがあることを、教師自身がしっかり意識し、そのための対応であることを自覚していれば、この懸念は解消されると思われます。

子どもと存分に活動すること自体が適切な支援に

教師が、子どもと同じ生活のテーマを共有し、そのテーマに沿った生活に存分に取り組むことで、子どもの生活も、より楽しく、より意欲的になります。ですから、遊び場で遊ぶことがテーマであれば、教師は率先して遊び、楽しみます。働く活動であれば、教師は率先して働きます。そうすることが、結果的に、子どもがより意欲的に活動できる状況づくりになります。

「教師が率先して存分に活動する」というようなことを言うと、「子どもの活動を圧倒し、子どもが萎縮してしまう」「子どもへの適切な支援がおろそかになる」「子どもの自然な姿や子ども同士のかかわりを壊してしまう」などの意見が出されることがあります。

しかし、適切に対応していれば、これらの問題は解消できるものです。

「子どもが萎縮してしまう」ということについては、教師が子どもと一緒に存分に活動するということは、子どもにとって、存分に活動できる状況がつくられていることが前提のことです。ですから、子どもが存分に活動できる状況が十分につくられていれば、教師が加わったぐらいで、子どもの活動が萎縮することはないでしょう。

しかし、もし活動の場が手狭だったり、使用する道具などの種類や数が不十分であったら話は別です。教師が狭い場で活動することで、子どもが活動できる場がなくなってしまうことや、教師が道具を使ってしまったことで、教師が使い終わるまで子どもが待たなければならないということも起こりかねません。そこで、やむなく教師は、場から離れたところで立って様子を見ているという支援にとどまることになります。

場の設定や教材・教具等の工夫をするにあたって、子どもも教師も存分に活動できる場の規模、教材・教具等の工夫などを適切に行っていけば、このような問題はなくなるはずです。

「適切な支援がおろそかになる」という指摘も、存分に活動できる状況がつくられていることでおおむね解決する問題でしょう。教師自身が、子どもと一緒に活動することを止めてまで、「やってあげないといけない」「見ていないといけない」ということは、多くは、事前の場の設定や教材・教具等の工夫で対応可能なものばかりです。これらの対応をした上で、なお臨機応変になされるべき支援的対応は当然あります。それらの対応は、子どもと一緒に活動することを犠牲にしないでも十分できますし、一緒に活動しながらのほうが、子どもの状況や思いに即して的確に対応できるのです。

「子どもの自然な姿や子ども同士のかかわりを壊してしまう」ということについては、どうでしょう。ここで教師が共に活動することで損なわれることが懸念される「子どもの自然な姿」や「子ども同士のかかわり」というものは、教師を加えないで成立するものです。子どもの生活には当然そういう姿があってよいでしょう。ですから、教師は、共に活動するからといって、どんな場面でも子どもと共に、ということにこだわる必要は当然ありません。子どもだけで成立する生活の一コマも大事にしていきたいからです。この場合、優しく見守ることが、共に活動する教師のすべき支援的対応となります。子どもだけで楽しんでいる場面に、不用意に介入すれば、子どもの活動の興をそぐことにもなりかねません。このようなことも、一緒に活動し、子どもの思いを汲んでいれば避けられます。

一方で、子どもが教師を求める姿、教師と共に活動する姿も、教師が子どもの共同生活者であるならば、子どもの生活に当然あってよい姿です。

子どもだけで成立する自然なよい姿も、子どもと教師のかかわりで成立するよい姿も、共に活動する中で実現可能な姿です。教師は、子どもと共に活動しながら、子どもの思いに即して、それぞれの場面での適切な支援をしていくことでよいのです。

要は、「子どもと共に」を教師の基本姿勢とするということです。「何から何まで共に」という規則にするわけではありません。

子どもが仲間と認める教師が、共に活動を共有している、このことが子どもの主体的活動を支援することを心に留め、その実現に努めたいと思います。

支援としての「共に活動する」

教師は共に活動しながら適切な支援を行います。しかし、このような姿勢は、あえて悪い言い方で言えば、「口出し手出し」です。一般には、子どもが主体的に取り組む授業展開では、口出しや手出しは最小限にすべきものと考えられています。その場で、口出し手出ししなければならないことというのは、ほとんどが事前の準備を周到に行っておくことで解消されるからです。むしろ、教師は、口出し手出しなどの指導的対応に終始するよりは、十分に活動できる状況がつくられた授業の中で、子どもとテーマを共有し、共に思いを一つにして、活動を共にすることが求められるのです。子どもにとって、真に必要な存在は、「遊ばせる教師よりは共に遊ぶ教師」「働かせる教師よりは共に働く教師」、仲間としての教師です。

したがって、教師が共に活動しながら行う支援は最小限にということになりますが、このことは支援が全くなくなってよいということを意味しません。どんなに事前に周到に準備したからといっても、その時、生のその状況下で、教師の声かけや手助けでなければできない支援的対応は必ずあるはずです。自然なふれあいの中での共感的な仲間関係でなければできない支援的対応が必ずあるはずです。そういうかかわりは、子どもの主体的取り組みに必ずプラスになります。そういうあってよい口出し手出しを大いに大切にすべきです。

しかし、準備さえしておけば不要になる口出し手出しというものについては、多くの場合、子どもの自然な生活を損なうものです。おそらく圧倒的多数であろうこれらの口出し手出しは大いに減らしていきたいものです。

❻「できる状況づくり」

特別支援教育と「できる状況づくり」

「特別支援教育」――特別な支援をする教育という意味のこの名称も、現在の教育界に定着しました。「支援」という言葉も市民権をすっかり得ましたが、どうも最近の実践現場では訓練的な教育が目立ちます。先生の指示どおりに動く遊びの指導、「ほうれんそう」だらけの作業学習。そういう授業が先進的な授業として研究会で発表されたりしています。その状況には、首をかしげたくなります。

しかし、子ども主体の本物の生活を大切にする授業では、子どもたちが自分から・自分で・めいっぱい活躍しています。そういう授業に接するとホッとします。

子ども主体の活動を実現する支援の本質は、知的障害教育が大切にしてきた「できる状況づくり」にあります。

「精いっぱい取り組める状況」と「首尾よく成し遂げられる状況」を「できる状況」と言い、その状況をつくることを、「できる状況づくり」と言います。

真に質の高い授業は、授業の一コマ一コマで、子ども一人ひとりにできる状況をつくっていく地道な取り組みの積み重ねによって生まれます。

支援という言葉が言葉としてだけ市民権を得て、その本質は置き去りにされているような今の時代、「できる状況づくり」を特別支援教育の支援の本質として、日々の授業づくりに地道に取り組めればと思います。

「できる状況づくり」とは

「できる状況づくり」は我が国の知的障害教育において子ども主体の学校生活づくりを先導された小出進先生によって、一九七〇年代に提唱され、全国に普及した実践論です。

小出先生は、「できる状況づくり」を次のように説明されています。

私どもは、どの子をも、「できる」状況に置くことに努める。「できる」ことの体験の積み重ねが、「できる」力の高まりに通じるだけでなく、成就欲求を強め、課題への取組み意欲を高めるからである。（小出進責任編集『実践　生活単元学習』学習研究社、一九八一年）

「できない子ども」を「できる子ども」にするには、子どもに「できる状況」をつくってあげることが必要である。「できる子ども」にしようとするのではなく、子どもを「できる状況」において、「できる力」をつけて「できる子ども」にするのである。「できる状況」のもとで「できる経験」を積み重ねれば、必然的に「できる力」は高まり、「できる」範囲は広がる。（小出進監修『働く力を育てる』学習研究社、一九八三年）

知的発達に障害があるために、「できない子ども」と言われがちな子どもたちである。この子どもたちを「できない子ども」と見るのではなく、「できない状況に置かれがちな子ども」と見たい。できる状況に置かれれば、できる姿を示す子どもだからである。（小出進『生活中心教育の理念と方法』K＆H、二〇一〇年）

「できる状況」とは、精いっぱい取り組み、首尾よく成し遂げられる状況である。したがって、精いっぱい取り組める状況と、首尾よく成し遂げられる状況をつくることが、できる状況づくりである。（小出進『生活中心教育の理念と方法』K＆H、二〇一〇年）

子どもの学校生活づくり・授業づくりにあたり、子どもの周囲の状況への対応に着目した「できる状況づくり」論は、今日のＩＣＦの環境因子の考え方を先取りする、きわめて先進的で我が国が誇るべき理論といえます。「できる状況づくり」論は、さらにまた、子どもを肯定的に理解する子ども観の転換も伴うものであり、その点でも、我が国の知的障害教育史上、特筆すべき深さと広がりを有する実践論です。

「できる状況づくり」と失敗経験

「できる状況づくり」に対して、「『できる状況』をつくると失敗しないので、失敗から学べない。失敗場面をつくるべき」という意見をよく聞きます。

しかし、この点については以下のように回答できます。

まず、意図的に失敗場面をつくる（こういう授業もよくありますが）ということ自体、不自然で「現実度」が低くなります。実際的でない場面で学ぶことを避けるべきというのは、「現実度」を追究する授業では、失敗場面に限らずすべての活動に当てはまることです。

それから筆者は、「失敗は人を成長させる」ということに賛成です。なぜなら、筆者自身ダメ教師ですので、失敗から大いに学んできているからです。しかし、いくら失敗から学べるといっても、自ら進んで失敗したいとは思いません。現実社会での失敗はやはりつらいことですし、周囲に迷惑をかけることに違いないからです。ですから、少なくとも教師が意図的に失敗場面をつくるということは、子ども主体の理念に反する、子どもの思いに沿わない対応だと思います。

筆者自身の体験ですが、失敗を克服するときには、必ずその時点で存在する「できる状況」が大きな力になります。何の解決の糸口もない（つまり「できる状況」がない）失敗は克服のしようがありません。

また、そのような「できる状況」が、失敗を何とか乗り越えるための大事な足がかりになります。周囲の同僚や上司でした。これらの良き仲間が、筆者の失敗解決を支え、助けてくれました。だからこそ、乗り越えることができたし、失敗から大きな学びができたのです。

ところが、授業で失敗場面をつくるということは、子どもにとって最も信頼すべき仲間であるはずの教師自身が、こっそり失敗場面をつくり、知らぬふりをし、失敗させているのです。知らぬふりをし、失敗して苦しむ子どもを励ましているのです。子どもは教師が失敗を仕組んでいるのを知らず、教師の励ましを支えにがんばるのです。

けっして悪意はないとしても、本来、子どもが一番信頼している人が、実は失敗の仕掛人であった、というのは、心が凍える話ではないでしょうか。「子どものころ、失敗したときに先生が励ましてくれた。その先生を忘れられない」ということはしばしばありますが、その失敗自体をその教師がつくっていたとしたら……。人間不信にならざるを得ません。

よき支援者であるはずの教師が、子どもの生活の中に、意図的にこっそりと失敗場面をつくるということは、倫理的にも問題があると筆者は考えるのです。

なぜ失敗場面をつくるのか

しかし、そのような教師にけっして悪意があるとは思えません。では、なぜこのようなことが行われるのでしょうか。筆者は、その背景に一般的な授業のスタイルがあると思っています。通常教育の教科の時間では、失敗場面を教師がつくるのは正当な方法だからです。国語でも算数でも子どもがすぐに解ける問題を出していては力はつきません。試行錯誤し、解決していく問題構成は必要になります。子どもにとって直ちには解決困難な難しい問題を教師が出題しても、意地悪ではありません。子どもも教師がその問題を解けないとはまず思っていませんし、教師がそのような問題を出す意図も子どもなりにわかっています。

つまり、教師が失敗場面をつくることは、系統的な教科学習のような学習場面として子どもも教師も納得している場合は、指導法の選択肢としてあり得ることになります。

それに対して、生活単元学習や作業学習などで「現実度」を追究した場合は、その活動は、子どもにとって本物の生活になります。子どものかけがえのない本物の生活の場を、教師が不自然に加工することは許されないのです。教師の一般的な常識として通用する失敗場面をつくることを、子どもにとってかけがえのない生活に安易に適用することは厳に慎まなければなりません。

百歩譲って、どうしてもそうやって子どもの失敗経験を、というのであれば、せめて教師が知らないふりなどせずに、「これからの活動の中にはうまくいかない部分もつくってあるから、そのつもりでがんばってください」と言ったらどうでしょうか。そうすれば、これから先の失敗は先生がつくったんだなとわかるし、そのつもりで子どもたちも臨むでしょう。でも、こういうことはあまりやられません。なぜなら、そうすると子どもたちのモチベーションが下がるからです。ネタを隠して本物らしくしておくことで、学習効果を高めようというのです。

しかし、「本物らしく」などと考えずに、そもそも本物の生活を追究していれば、このような不自然で、かつ子どもと教師の信頼関係の根幹を揺るがすような行為に走らなくてもすむのです。

世の中に偽物というものはいくらもありますが、その中でも「本物らしい偽物」がいちばんやっかいなのではないでしょうか。はっきり偽物とわかっていれば、それを楽しむという途もあるのですが、なまじ「本物らしく」されてしまうとかえってやっかいなものです。

「教師は役者でなければならない」とよく聞きます。教育効果を高めるために芝居が必要だということのようですが、筆者はこの考えには全く賛成できません。子どもへのリスペクトを忘れずに、誠実に、本音で子どもとつき合う教師でいたいのです。

本物の生活の中での本物の失敗こそ

本物の生活を追究していけば、不自然なことはしなくてもよいと述べましたが、そのことを少し考えてみます。

「『できる状況』をつくると失敗できない」と言いますが、本当でしょうか。そんなことはけっしてありません。教師は、子どもが精いっぱい取り組め、首尾よく成し遂げられるように最大限の努力をしますが、教師とて人間ですから当然限界があります。そのように教師がどう努力しても避けられなかった失敗だからこそ、現実社会でのそれと同じく、子どもも教師も一緒になって克服していくことができます。そこに真の失敗から学ぶ姿が生まれます。

教師がいかようにもコントロールできるフィクションの世界で授業を行うのではなく、生々しい実社会で、「現実度」高く行うことが重要です。教師が成功も失敗もコントロールできる、教師がつくったフィクションの社会では確かに失敗場面をつくることも成功場面をつくることも自由自在でしょうが、そのような活動は「現実度」のきわめて低いものとなります。教師も本気で取り組まなければならない「現実度」の高い、実際的な生活の中で授業を行ってこそ、本物の力も育ちます。そのような場では、教師の想定の及ばない失敗も起こります。それを子どもと教師と一緒に力を合わせて乗り越えていくことが、真の「失敗からの学び」です。

真の失敗から学ぶことで本物の力が育つ

筆者は現場教師時代、作業製品の販路拡大を生徒たちと行ったとき、お店の方にはっきりと「この製品はうちには置けない」と言われたことが何度かあります。生徒たちもしょんぼりですが、筆者自身も悔しい思いをしました。しかし、この悔しい思いの中にある筆者を支えてくれたのが生徒たちでした。一緒にダメだしされた仲間だからこそ、一緒に励まし合い、「もっとよい製品にしよう！」と誓い合えたものでした。そうして、製品の改善を図り、お店に再チャレンジ。「これなら置いてもいいよ」と言っていただけたときのうれしさはひとしお、それを共有できる仲間である生徒たちがいることも心からうれしいことでした。

失敗にも、本物とそうでないものがあるということです。

「安心して失敗できる」

先日、とある教育講演会にうかがう機会を得ました。お心のこもった講演で、二時間ほどの講演時間があっという間に過ぎました。

その講演の中で、「学校では失敗しないことより、安心して失敗できるようにしてほしい」とのお話がありました。

すでに述べましたように、「できる状況づくり」への批判の中には、「失敗させることも大事な教育」という意見があります。ふと、そのことが思い出されたのですが、「安心して失敗できる」という言葉と「失敗させる」という言葉は似て非なる、大きな違いがあるのではないかと思いました。

「できる状況づくり」では子どもが失敗しないように教師は全力で支援します。

しかし、教師がどんなにベストを尽くしても、本物の生活の中で授業をすれば、失敗は避けられません。知的障害教育の授業は「現実度」を追究し、教師が都合よくつくった（教師が失敗も成功も自由にコントロールできる）ゴッコやフィクションの世界ではなく、子どもも教師も本気で取り組む本物の生活を授業とします。

本物の生活には、教師がどんなに努力しても避け得ない失敗が起こります。

そんなときでも教師は共同生活者、支援者として子どもに寄り添い、子どもと共にこの失敗を乗り越えることに全力を注ぎます。

このような失敗こそが、「安心して失敗できる」ということではないでしょうか。「失敗しないように、先生が全力でがんばってくれている」「失敗しても一人ではない、先生が本音で応援してくれている」「失敗した。でも先生が一緒にがんばってくれるから安心」と子どもが本音で思える、そんな生活づくりをしたいですし、子どもにそう思ってもらえる教師でありたいのです。

「できる状況づくり」と「ほめて伸ばす教育」

一方、昨今の教育現場では、子どもの成功経験や自己肯定感を大切にし、叱ったり、失敗させたりするのではなく、良いところを見つけ、ほめて伸ばす教育も盛んに行われています。特に特別支援教育の対象となる子どもは、成功経験の不足から自己肯定感がもちにくくなっており、成功経験を重ねていくことが大事という主張がなされます。

成功経験を積み重ねていくことの大切さに、筆者は大いに賛成します。「できる状況づくり」論もそのことを支持しています。しかし、いわゆる「ほめて伸ばす教育」とは、以下の点で異なります。

一つは、子どものできない姿に対する教師の態度の違いです。「ほめて伸ばす教育」では、子どもの良いところを見つけ、それを伸ばそうとします。それに対して、「できる状況づくり」は子どものできないところにも目を向けます。ただし、できないことを子どものせいにはしないで、周囲の支援状況の不足にあると見ます。つまり、できない事実を受けとめ、そのことに対応しますが、できない責任は教師にあるとして、教師側の「できる状況づくり」に努めるのです。なお、「できる状況づくり」論で、子どものできないことに目を向けるのは、子どもの思いに沿って、子どもがそのことで主体的で豊かな生活を阻害されている場合（自覚しているか否かは問わず）に限ります。

余談ですが、良いところを伸ばす、という考え方に立つ場合、「良いところ探し」ということが行われることがあります。しかし、良いところというのは、探すよりも本来感じるものだと筆者は考えます。探されてまでして良いところを見つけられても、何か切ない思いもします。むしろ、良いところを感じられる状況づくりを大切にしたいものです。

さて、「できる状況づくり」と「ほめて伸ばす教育」の違いの二つめですが、「ほめる」という行為の理解の違いです。「できる状況づくり」では、子どもの支援としてさまざまな方法を講じますが、「ほめて伸ばす教育」はほめるという行為を中心とします。筆者は「ほめる」という行為には抵抗を感じます。教師の上から目線を感じるからです。子どもと教師は対等にお互いを尊敬し合える関係でありたいと思っています。

おそらく筆者は、「ほめる」と見られる行為を人一倍している者です。でもそれは、「がんばった」「できた」という子ども自身の手応えへの共感であり、「がんばった」「できた」子どもへのリスペクトから出る行為なのです。教師が子どもに共感したり、子どもをリスペクトしたりした結果の「ほめる」であれば、子どもと教師の絆は深まり、お互いに支え合い、さらなる子どものできる姿につながるでしょう。その意味では、「ほめる」ことも大事な「できる状況づくり」ですが、唯一の支援方法ではないですし、ましてや上から目線の行為でもありません。

三つめの違いは、より本質的な相違ですが、「状況づくり」と「伸ばす」という言葉にかかわる子ども観・教育観の相違です。「できる状況づくり」論に立つ子ども観は、子どもは本来できる主体的な存在であるということです。けっして、教師が「伸ばす」存在ではなく、自ら主体的に伸びる存在です。ここには、子どもを教師より未熟な者と見るのではなく、共に生活する頼れる仲間と見る子ども観があります。さらには、教師が伸ばすという教師主導の教育観ではなく、子どもの主体性を大切にし、教師は状況づくりに徹するという教育観の相違も指摘できます。

「できる状況づくり」をする教師と、「ほめて伸ばす」教師には、子どもを肯定的に理解する価値観を共有しつつ、子どもと共に生活する教師であるか、子どもを導く教師であるか、の教師観の相違があるということもできましょう。どちらの教師観も、教育の世界にはあってよいと考えますが、異なる教師観であることも事実です。

「できる状況づくり」と「わかる授業」

筆者は、小中学校の通常の学級の先生方の研修会でお話をさせていただくことが時々あります。通常の学級はもちろん、特別支援学級での指導経験もない筆者ですので、それほど話の引き出しは多くありません。そこで、いつも「できる状況づくり」についてお話をさせていただくことにしています。筆者の勤務経験のある知的障害特別支援学校での実践を例に「できる状況づくり」の大切さを話すのです。「できる状況づくり」論は、普遍的な実践論であると確信していますので、通常の学級の先生方にも伝わることがあるのでは、と期待してのことです。そして、この期待はすぐに実現しました。

ある通常の学級の先生方の研修会でのこと。話を終えて控え室に戻るとホスト役の指導主事の先生が来られ、「私は国語の教員なのだが、今日の話（「できる状況づくり」のこと）は国語も同じだ」と語りかけてくださったのです。詳しくうかがってみると、「国語では『わかる授業』ということを大事にしているが、それは『できる状況づくり』と同じ努力をしているんだ」とのことでした。筆者も通常教育における「わかる授業」については学んでいましたが、「わかる授業」づくりに尽力されている現場の先生が、「できる状況づくり」に本音で共感してくださったことはうれしいことでした。

その後も、同様の経験はいくつも続きました。特別支援学校の先生方を主な対象としたある研修会では、「自分は高校の数学の教員だったのだが、特別支援学校に異動してきて戸惑っていた。でも、『できる状況づくり』のことを聞き、高校の数学の授業で自分が努力してきたことと同じだとわかった」という趣旨のご感想もいただきました。きわめつけは、養護教諭の先生方を対象とした研修会でのこと。その場に歯科医の方も参加されていて、話の後に控え室に来られ、「歯医者も同じです」とのこと。どの部分が同じなのかはさすがにわかりませんでしたが、同じ人とかかわる仕事に就く人が共感してくださったのは、やはりうれしいことでした。

❼ 思いに寄り添う支援

子どもの姿を問題視する前に思いに寄り添う

共に活動する教師は、共に活動する中で、子どもと思いを共にし、思いに寄り添う教師でもありたいと願います。思いと活動を共にし、思いに寄り添いながら、「できる状況づくり」に努めたいのです。

思いに寄り添うことのない中での教育的対応は、子どもの問題性を強調する対応になりがちです。その点を少し考えてみます。

子どもの問題性を議論する際に、「問題行動」という言葉がよく使われます。この言葉は、教育現場では日常語といってもよいほど、しばしば耳にする言葉です。学校教育において「問題行動」という場合、行動の主体は子どもであり、それが子どもがとった何らかの行動であることは明らかです。

しかし、実際には子どもの行動は、その周囲の状況いかんによって多様に評価を変えるものでもあります。したがって、「問題行動」という言葉も多分にあいまいな言葉、つまりきちんとした線引きができない言葉です。

前述のように、「問題行動」という言葉は、現場では実によく用いられる言葉ですが、その意味や定義はあいまいです。現場感覚で素直に考えれば、「子どもの周囲の人間が、時には子ども自身も、『まずいなあ』と考える子どもの行動」ぐらいに定義しておくことが妥当ではないでしょうか。

実は筆者は、子どもの行動が何であれ、「問題」などと称することには強い抵抗感を感じていて、自身の日常の使用語彙の中にはこの言葉はありません。あいまいかつ否定的な表現を子どもに対して使うことには慎重でありたいと思います。加えて、そもそも子どもの行動は、それがどのようなものであっても、そこには切実な子どもの思いが込められていると考えること、学校におけるこれらの行動は教師の支援の不足から導かれていると考えることなどが、筆者が「問題行動」という言葉を使わない理由です。子どもの行動を「問題行動」などと呼ぶ前に、真摯に子どもの思いに寄り添うと共に、教師自らが、子どもにそのような行動をとらしめてしまったことを、自身の支援の不足として反省したいものと肝に銘じています。

問題行動から子どもの思いを感じる

筆者は養護学校（当時）教師として勤務していましたが、問題行動に接することが時にありました。率直なところ、他の教師に比べて多かったようにも思います。それだけ筆者の授業は稚拙であったということで反省するばかりです。ですから、そのたびに筆者は、問題行動の当事者である子どもに申し訳ない思いをもちました。しかし、これらの行動は筆者の授業のまずさを教えてくれる貴重な声でもありました。以下、筆者が直接・間接にかかわった事例を紹介します。

筆者が担当していた高等部機織り作業でのこと。織り担当のある男子生徒は、突然作業室を飛び出すことがありました。けっして不機嫌になっているわけではないので、声をかければ戻ってきてくれましたが、そのような行動がしばしばあったのです。その作業の様子を確認してみると、織機のたて糸の開きが悪く、横糸がうまく入りにくい時に、作業を中断し、飛び出すことがわかりました。そこで、織機の調整をし、横糸を入れやすくしたところ、作業室を飛び出すことはなくなりました。

また高等部のある学級では、あるとき、これまで落ち着いていた生徒の一人が登校時に学生服を自ら汚して登校するようになりました。この行動には担任一同困りはてたのですが、特定の教師とのかかわりを模索する上での行動であることが推察されました。そこで、当面その教師が距離をとることとし、他の教師が当該生徒への指導を担当することとしました。同時に学級に仕事を用意し、生徒が登校後に直ちに目的をもって活動できる状況を整えました。これらの対応の結果、問題行動は解消し、当該生徒も落ち着いて朝の活動に取り組めるようになりました。当初生徒がかかわりを模索していた教師も、活動を共にしながら、日常の関係を取り戻すことができたようでした。この経緯での担任の教師を中心にした高等部教師集団の議論から、駆け出しの筆者は実に多くのことを学びました。

以上は、作業学習、日常生活の指導での授業改善によって、問題行動が改善された例です。授業改善を図ることで、問題行動が解消していく過程で、授業の精度も確実に向上していったのでした。授業に多少の不満があっても我慢をしてくれている子どもたちには、感謝するばかりですが、こうして問題行動という形で、授業の不備に気づかせてくれる子どもがいることで、授業の問題を発見し、改善することができるのです。もちろん教師は、そのことを「授業改善につながった」とだけ喜んでいてはいけません。そもそも問題行動といわれる行動の多くは、子ども自身にとっても辛い選択だからです。問題行動をとらざるを得ないところまで子どもを追い込んだことは真摯に反省し、そのようなことが発生しない授業づくりに励みたいし、そのような子どもの思いに寄り添いたいのです。

なお、ここでいう授業とは、いわゆる四五分や五〇分で区切られたものや授業時数としてカウントされているものだけをさすのではなく、学校生活全体での子どもとの生活総体をさしています。これは決して精神論的な主張ではなく、日常生活の指導が授業として位置づけられている知的障害教育では登校から下校まで、すべてが授業なのです。教師は、一授業時間に限らず、子どもと共にあるすべての時間で、子どもの思いに寄り添うことに敏感でなければなりません。

問題行動の解消は授業改善を軸に

今日、問題行動への対応に関するテクニックは、さまざまに開発されています。これらのテクニックを使い、教育実習生でも見事に事態を収拾していることさえあります。

筆者はこれらのテクニックを否定するものではもちろんありませんが、授業改善の観点から問題の所在を把握し、対応していくことを忘れてはいけないと考えています。

ある実践記録では、離席行動のある子どもへの対応方法が提案されていました。着席できていたらほめ、その行動の習慣化を図るというものでした。その結果、子どもは座って授業を受けることができるようになったといいます。

しかし、筆者はその実践記録に記された授業内容を見るかぎり、「これは子どもに必要感の乏しい授業だな」と思えました。子どもはそのことを感じ、離席していたのかもしれません。そうだとすれば、離席行動への対応以前に、授業改善こそ図られるべきでしょう。教育内容やさらには教育目標にさかのぼって、授業の中身を再検討し、子どもが「ぜひやらせてください」と思うような授業に変えていく必要があるように思えました。子どもに必要ではない授業に、テクニックによって授業参加できるようにしたとしても、それが正しい判断といえるものでしょうか。筆者には、治療が必要な病気を痛み止めだけで対応してしまうようなことと重なって見えました。離席行動それだけを問題にし、それを解決することで、子どもに真に必要な授業改善への道筋を閉ざしてしまうことが懸念されるのです。子どもがせっかく発してくれている授業改善への発信を封じてしまうような解決だけは避けたいのです。

問題行動への対応を「授業以前の問題」とする言説も時々耳にします。意味するところは「授業が大切なのはわかっています。でも、授業以前にこの問題行動を何とか解決しなければいけないのです」という、現場的には切実な主張です。この場合、さまざまなテクニックを使い、問題行動の解消を急ぐことはもちろん理解できます。しかしその一方で、授業自体に問題はないのかという視点をもって、授業改善も並行させたいと考えます。そうでないと、結局は「授業以前」の問題行動の解消だけで事態は収束してしまうからです。子どもの問題行動に対する厳しい視線と同じように、あるいはそれ以上に、自身の授業にも厳しい視線を向けていたいのです。「授業以前」という言葉で、問題行動を授業と切り離してしまう思考もまた、授業改善という問題行動への本質的なアプローチの道筋を奪うことにつながります。

「できる状況づくり」を

「できる状況づくり」は、問題行動に限定されるものではなく、どの子も生き生きと活動できるように、という観点から行われるものです。問題行動がひとたび発生すると、そのことの解決にばかり目が向けられがちですが、子どもが生き生きと活動できる状況づくりは、問題行動の有無にかかわらず重要となります。目の前のネガティブな行動に惑わされずに、その先にあるポジティブな姿の実現に努めたいのです。そのために「できる状況づくり」の視点は有効です。

「できる状況づくり」論は単なる指導論ではなく、子ども観の転換も伴います。つまり、子どもを「できない子」として、できない姿を子どもの属性に帰するのではなく、「できない状況に置かれている子」と子どもを見ることによって、「できない」という事実を周囲の状況に起因するものとして理解するのです。この考え方は、子どもへの視線を自ずと優しくします。問題行動に悩む場合、どうしても子どもを否定的にとらえがちになってしまいます。正直に申せば、筆者自身もそういう思いにとらえられることがありますから、その気持ちはよくわかります。しかし、そこで我々教師は子どもを否定的にとらえるのではなく、できない状況に置かれている子どもと見て、子どもには優しい視線で、周囲の状況には厳しい視線で、の対応に心がけたいのです。

詫びる心と叱る心

問題行動の原因、問題の所在が授業にあるとすれば、問題行動があった場合、子どもへの否定的な評価をするのではなく、教師の授業の不備を反省するのが筋ということになります。筆者はそのような考えから、筆者自身の授業のまずさを子どもに対して申し訳なく思ったと前述しました。これは決して感情論のキレイゴトではなく、きわめて論理的な正しい認識ということができます。

しかしその一方で、問題行動の内容によっては、仮に原因が教師の授業の不備であっても、子どもに毅然とした指導を行わなければならないこともあります。

問題行動は、非社会的行動と反社会的行動とに分けて考えられることがあります。非社会的行動は、不適切な行動ではありますが、周囲に対してさほど大きな負担を与えないものであり、たとえば後述する授業中に眠ってしまうなどは、これに該当します。それに対して、反社会的行動は、他への危害や社会ルールの逸脱など、周囲に大きな負担を与えてしまうものであり、たとえば他の子どもをたたいてしまうなどはそれに該当するものです。もちろん、非社会的行動と反社会的行動を整然と区分することはできません。その背景になる社会状況によって、これらの判断も変化するからです。

しかしながら、とりあえず反社会的行動と判断できる事態に対しては、筆者は毅然と対応するべきであると考えています。たとえば子どもが他の子どもをたたいてしまった場合などは、「たたいてはいけません」とその場で毅然と注意すべきです。もちろん体罰は論外であり、子どもが不安定になってしまうほど追い込むような叱責も慎むべきではありません。しかし、事態の善悪や是非を伝えることもまた教育です。他の子をたたいた子どもに対して、「君のせいじゃないよ、先生がもっと早く気づいてあげればよかったんだよ」などと言ったら、たたくことが不適切であることに気づくチャンスを子どもから奪うことになります。もちろんその後、望ましい行動をきちんと指導し、子どもがその行動を取れた際に、それを正しく評価することは、行為の価値を肯定的に伝えるために重要です。しかし、原因が仮に教師にあるとしても、他に負担をかけてしまった行為を否定的に認識できるように、その場で毅然と対処することも必要です。

筆者は養護学校（当時）教師時代、しばしばそのような毅然とした指導、いわゆる「叱る」ことをしてきました。しかし、やはり心の中では、目の前で自分が今叱っている子ども、問題行動を起こした子どもに対して「ごめんなさい」と詫びていました。詫びる心を持ちつつ叱るのです。

授業以外の理由である場合にも授業改善は必須

もちろん、問題行動のすべてが授業の不備に由来するものではありません。家庭や他機関との連携のもと、あるいは家庭や他機関が主となって対応すべきものもあるでしょう。しかし、問題行動が学校で起こっている以上、教育の立場から学校で対応できることは必ずあります。どの子もベストな教育参加ができるよう授業づくりに努めることは、すべての教師の責務です。そのために、子どもの思いに寄り添う姿勢は不可欠です。

高等部の機織り作業で糸巻きを担当していたある生徒は，午前中の作業時間、着席するとほとんど眠ってしまう状況がありました。家庭と連絡をとると、可能性として服薬の影響が考えられるということでした。家庭でも昼夜逆転に近い状況があることも確認されました。問題の所在の中核は医療分野にあると判断し、保護者がかかりつけ医に相談してくださることとなりました。医師のほうでは、処方している薬の量などの検討に入ってくれましたが、学校としても授業改善の観点から次のような対応を並行することとしました。まず、服薬の影響の可能性が大きいことと昼夜逆転もあることから、無理に起きているように働きかけないこととしました。しかしそうはいっても、作業に取り組みにくい状況があることが眠ってしまうきっかけになっていることが予想されました。そこで、椅子の高さを調整し、作業しやすい姿勢をつくる、目が覚めたらすぐに仕事を再開できるように、生徒の手元に道具を配置する、などの「できる状況づくり」を行いました。さらに、無理はしないものの、教師がそばで仕事をしながら時々声をかけ、仕事の再開や継続を促すこととしました。その結果、目を覚ますとすぐに仕事を再開できるようになり、仕事の継続時間が増加しました。医師や家庭の尽力もあり、しだいに作業時間に眠ってしまうことも解消されていったのでした。

この事例からは、次の点が指摘できます。確かに事例の問題行動の主たる原因は医療的な対応にあるとしても、教育として、教師の専門性によって、その解決をアシストすることはできるということです。特に授業中に眠ってしまうという場合、他者に決定的な不利益を与えるものではないことから、「寝かしといてあげようよ」と、一見子どもの側に立ったような判断により、放置されることも少なくありません。まして、この事例のように医療的な背景がある場合は、教育で何をやっても無駄といわんばかりに放置されることもあります。しかし、教育は医療とは独立した専門分野であり、その立場から対応できること、対応すべきことはあるのです。その努力を怠ることはできません。「本当は起きていて、みんなと活動したいはずだ」と、子どもの思いを推量することは、主観的ではありますが、子どもの思いに寄り添う一つの大事な視点になります。この事例では、直接的な問題行動の解決イメージは、寝ないで起きていることでしょう。しかし、仮に生徒が寝ないで起きていたとしても、そこでするべき活動が用意されていなかったらどうでしょう。結局また手持ちぶさたになり眠ってしまうことになります。だから、教師には、問題行動の解決という消極的対応だけでなく、子どもにやりがいと手応えをもって活動できる状況をつくるという積極的対応も求められるのです。前述の事例で、生徒が目を覚ました時、すぐに作業しやすい状況づくりをしたのはそのような考えに基づくものでした。

子どもの心にふれる指導の重さ

問題行動への対応に限ったことではありませんが、教師の指導は、必ず子どもの心にふれるものです。心にふれる以上は、慎重かつ誠実な対応が求められます。前述のように、反社会的行動については、やはり道徳的な価値をきちんと指導していくことも必要です。その行為が、誰かを悲しませていることを子どもが知らないまま、望ましい行動だけを学ぶことが正しいとは思えません。そのような行動をとってしまった以上、子どもにも教師にも辛いことではありますが、そのことに向き合うこともまた教育です。たとえば、自閉症の子どもに他者の心を伝えることは難しいこととされます。しかし、近年、自閉症の子どもにも他者の心を理解しやすくするさまざまなツールや指導法の開発が進んでいます。諦めてはいけないのです。

問題行動の解消を急ぐあまり、子どもの心にふれる指導を安易に行うことも避けたいと筆者は考えます。近年現場で日常的に見られるテクニックに、次のようなものがあります。ざわついている教室に教師が入っていきます。そこで教師は「静かにして」とは言わず、さっと教室を見回し、静かにしている子どもを一人見つけます。そしてすかさず、「A君、いい姿勢だね」とその子をほめます。するとA君がほめられたのを見た他の子たちは、我も我もと一気に静かになります。

誰も傷つけず、しかも短時間で学級が静かになるテクニックです。この方法が普及した所以はその辺にあろうかと思います。しかし、筆者はこの場面を実際に見るたびに、心のどこかに痛みのようなものを覚えるのです。ほめられたA君のことを考えてしまうのです。A君は先生にほめられてうれしいでしょう。家に帰って家族に「今日、先生にほめられたんだよ！」と報告するかもしれません。ひょっとしたら「先生がほめてくれた」と、長く良い思い出になるかもしれません。

しかし現実は厳しいのです。教師の真の関心は、A君よりも他の多数の騒がしいとされた子どもたちを「どう静かにさせるか」にありました。極言すれば、ほめるのはA君でなくてもよかったのです。仮に教師がまごころを込めてA君をほめたとしても、主たる目的は、他の子どもの問題行動の解消であることは否定できません。

教育には、効果があるからといって安易にとってはいけない方法もあるはずです。まして、子どもの心にふれるような対応を、教育の手段とすることには、たとえそれが正当な意図であっても慎重でありたいと筆者は強く思います。すぐに効果はなくても、誰にも誠実に、粘り強く指導をしていきたいものです。

安易に子どもの心にふれるような指導法をとらざるを得ないほど、教師にとって問題行動は深刻なものであるということも、現場人として理解できないことではありません。

しかし、教育は、心を支え、育てる営みであることも我々教師は忘れてはならないでしょう。

今、目の前にいる子どもの心にふれる指導をするとき、それが正しいことなのかどうか、その辺の判断を我々教師ができるためにも、子どもと思いを共にし、活動を共にする中で、子どもの思いに寄り添うことを当たり前のこととしたいのです。

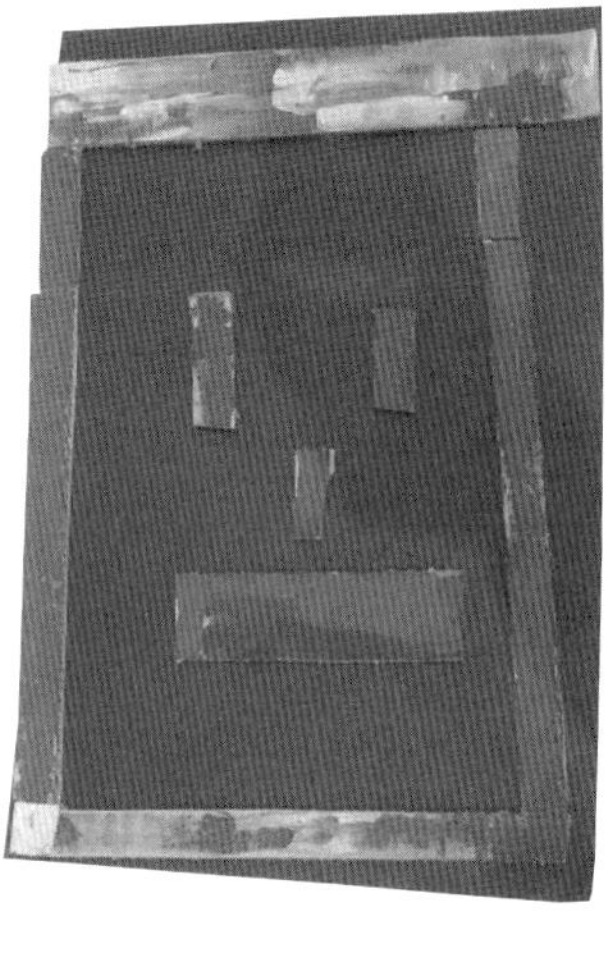

Ⅱ 子どもが本気で取り組む授業づくり

❶「各教科等を合わせた指導」とは

「各教科等を合わせた指導」とは

知的障害教育の現場では、耳にしただけではそれが何を意味しているのかわからない言葉がごく普通に飛び交っています。

「ニッセイ」
「アソビ」
「セイタン」
「サギョウ」

これらの言葉は、一般の方々はもちろんのこと、教育関係者であっても通常教育畑の先生方には、聞いただけでは何のことやら、です。ましてや、これらが知的障害教育ではとてもとても大事な授業のことだとは思いもよらないのではないでしょうか。「アソビ（遊び）」「サギョウ（作業）」は日本語としては了解できても、授業だとはすぐには了解できないでしょう。

「ニッセイ（日生）」「セイタン（生単）」に至っては、言葉自体が「?・?・」です。筆者は以前、ある知的障害特別支援学校の参観の場で、教室に掲示された週日課表を見た参観者の先生が、『セイタン』って何ですか?・」と質問しているのを聞いたことがあります。考えてみればごく当然の質問です。かく言う筆者も、初めて「ニッセイ」という言葉を聞いた時、某保険会社のことかと思った次第です……。

この不思議な言葉、「ニッセイ」「アソビ」「セイタン」「サギョウ」が、「日常生活の指導」「遊びの指導」「生活単元学習」「作業学習」のことであり、「特別支援学校学習指導要領解説」（以下、「指導要領解説」）では、「領域・教科を合わせた指導」として紹介されてきました。

ここでいう「教科」は、「特別支援学校学習指導要領」（以下、「指導要領」）において、知的障害のある子どもに対する教育を行う場合として明記される教科群をさします。それらは通常教育における教科群をさすのではなく、知的障害のある子どもの発達や社会生活を踏まえ、自立や社会参加を実現するために組織された独自の教科群となっています。簡単に言えば、「生活に生きる教科」です。

「領域」という言葉は教育学の世界では多義的ですが、ここでは、知的障害教育課程を構成する要素である「各教科」「道徳」「特別活動」「自立活動」をさします。ただし、近年、「総合的な学習の時間」等の導入で「領域」の概念が多義化していることから、現在は「領域」という言葉を避け、「各教科等」と言うようになってきています。

つまり、「領域・教科を合わせた」(「各教科等を合わせた」)という場合、教育課程のすべての内容を総合することを意味します。冒頭述べましたように、「各教科等を合わせた指導」が教育界全体では、必ずしも周知されていない現実は、いささか寂しい思いがありますが、であればこそ、正しく理解し、実践することが求められます。

指導要領等の記述

なぜ、「各教科等を合わせた指導」のような総合的な学習活動が必要とされるのでしょうか。指導要領解説では、知的障害のある子どもの学習上の特性として，次のような説明がなされてきました。

知的障害のある児童生徒の学習上の特性としては、学習によって得た知識や技能が断片的になりやすく、実際の生活の場で応用されにくいことや、成功経験が少ないことなどにより、主体的に活動に取り組む意欲が十分に育っていないことなどが挙げられる。また、実際的な生活経験が不足しがちであることから、実際的・具体的な内容の指導が必要であり、抽象的な内容の指導よりも効果的である。

以上の子ども理解が、歴史的にも実践的にも、「各教科等を合わせた指導」が重視されてきた有力な根拠となります。要約すれば、知的障害のある子どもの、

・学習が実生活で応用されにくい特性
・主体的な活動の不足
・実際的な生活経験の不足

などへの対応に、「各教科等を合わせた指導」が有効であるということです。

これらを根拠として、指導要領解説では、「日常生活の指導」「遊びの指導」「生活単元学習」「作業学習」の四つの指導形態を具体的に紹介しています。本書でもこれら四つの指導形態の概念や実践は、今後詳しく見ていくことになります。

「各教科等を合わせた指導」の詳しい解説は、指導要領解説において行われており、指導要領本体には、「各教科等を合わせた指導」という用語は見られません。しかし、それに相当する内容への言及として、平成二〇年度版の指導要領には次の記述が加えられました。

各教科、道徳、特別活動及び自立活動の全部又は一部を合わせて指導を行う場合には、各教科、道徳、特別活動及び自立活動に示す内容を基に、児童又は生徒の知的障害の状態や経験等に応じて、具体的に指導内容を設定するものとする。

指導にあたって、具体的な指導内容を設定するという、教育であればごく当たり前の指摘です。しかし、あえてこれが「各教科等を合わせた指導」について総則で取り上げられたことは大きな意味があります。一つには、特別支援学校全体の指導要領の総則に知的障害教育の指導法に関する記述がなされたことは、この指導法の重要性を認識させてくれます。もう一つには、現場的な感覚で考えますと、「各教科等を合わせた指導」をただ漫然と身近な生活的な題材で取り組んでいるだけ、という現実は確かにあります。そのような漫然とした指導ではなく、きちんと子ども一人ひとりに指導内容を明確にすべきということをこの記述は教えてくれます。

「各教科等を合わせた指導」の法的根拠

指導要領自体が法的拘束力を有していますので、そのことをもって「各教科等を合わせた指導」の法的根拠を確定することができますが、この知的障害教育ならではの指導法については明確な法的根拠が存在します。

学校教育法施行規則第一三〇条第二項がそれで、次のように述べられています。

第一三〇条　2　特別支援学校の小学部、中学部又は高等部においては、知的障害者である児童若しくは生徒又は複数の種類の障害を併せ有する児童若しくは生徒を教育する場合において特に必要があるときは、各教科、道徳、外国語活動、特別活動及び自立活動の全部又は一部について、合わせて授業を行うことができる。

学校教育法施行規則にまで、明確に「各教科等を合わせた指導」が認められているということに、やはり知的障害教育でのこの方法の重要度が示されていると言えましょう。

この条文に若干の解説を加えます。まず、対象は知的障害のある子どもが述べられていますが、併せて重複障害のある子どもにもこの方法の適用が認められていることには注目してよいでしょう。昨今、重複障害のある子どもには自立活動を主とする教育が多く行われ、成果を上げてきていますが、「各教科等を合わせた指導」もまた有効な指導法として法令上認められているのです。筆者は個人的には、この点をもっと当たり前のこととして、重複障害教育実践の見直しができればと思っています。

また、合わせる領域に外国語活動が含まれています。指導要領や指導要領解説では、知的障害教育課程には外国語活動がないことから外されています。施行規則では、重複障害のある子どもへの対応も想定して含まれているのではないかと考えられますが、実際に重複障害があって、「各教科等を合わせた指導」が有効な場合は、知的な障害も併せ有していますので、指導要領等の記述とは本質的に矛盾しません。

施行規則の文言に「特に必要があるときは」とあります。素直に読めば、この条文は特別な場合のみの適用という意味になりますが、知的な障害がある場合は、基本的に「特に必要があるとき」と考えてよいものです。さらにこの文言があることで、「教科別、領域別の指導」も認められていることが言外に理解できます。

本物の生活を主体的に

指導要領や学校教育法施行規則で述べられる「各教科等を合わせた指導」が取り組まれる理由は、以上のとおりです。その内容を正しく理解し、実践していくことが大切です。その上で、さらに「各教科等を合わせた指導」が大切にされる理由を考えてみたいと思います。指導要領等では、主に知的障害の特性や実生活での自立という目標論から根拠づけがされています。それは当然正しいことですが、知的障害教育で「各教科等を合わせた指導」といわれる生活単元学習などは、元来、通常教育においても大切にされてきたものです。

いわゆる経験主義教育、児童中心主義教育、生活教育などの理念を背景とし、子どもが生き生きと実生活に取り組むことにより得られる教育価値を大切にした指導形態です。その意味では、「各教科等を合わせた指導」もまた、知的障害の特性に対する強みをもちろん認めつつ、子どもが生き生きと生活し、自立していく姿の実現にその価値があると言えます。

これは、現場で「各教科等を合わせた指導」を実践されてきた先生方であれば、本音の手応えとして共感していただけるのではないでしょうか。生活単元で魅力的なテーマのもとで生活していれば、子どもたちは張りきって登校してきます。思いきり活動した子どもたちが間違いなく以前に増して頼もしく、多くのことを学んできたことが、先生方には実感されているはずです。子どもが本気で取り組める生活、生き生きとした日々の充足と確かな育ちが、「各教科等を合わせた指導」の魅力です。

子どもが本気で取り組めるように

子どもが本気で取り組める学校生活の実現には、「各教科等を合わせた指導」が大きな力を発揮してくれます。

子どもが本気で取り組める生活には、

・子どもが本気で取り組む価値のある実際的で必然性のある活動であること
・子どもが主体的に取り組める活動であること

が求められます。

子どもにとってそのような生活が最適化された場合、

・目当てや見通しをもって取り組む生活
・存分に自分の力を発揮できる生活
・満足感・成就感をもてる生活

が実現できます。これら三つのことは、子どもの主体的生活の三条件でもあります。教師は、そのような生活の実現をめざし、授業づくりに励みます。

さらに、学校は集団生活の場ですから、これら三つの条件を満たす生活を仲間と共有できるように教師は努めます。せっかく一緒に生活する仲間ですから、各自バラバラにではなく、

・目当てや見通しを共有し
・力を合わせて取り組み
・満足感・成就感を分かち合う

ことを大切にしたいのです。

「各教科等を合わせた指導」が最適化されれば、学校は仲間と思いを共にし、活動を共にする生活の場になります。

昨今、自閉症の子どもが仲間と共にいることが苦手であるという点が指摘されますが、支援条

件さえ整えば、自閉症の子どもも仲間と共に思いきり遊び、働く姿が実現できることは多くの現場の先生方の知るところではないでしょうか。

総合的な生活を活動内容とする「各教科等を合わせた指導」では、子どもに合わせた多様な活動を用意できます。多様性を生かした個別化は、多様な子どもに活躍の場面を用意しやすくするのです。

教師も思いと活動を共に

仲間と共にある学校生活の魅力を「各教科等を合わせた指導」では実現できます。ここで仲間という場合、そこには教師もまた含まれています。教師も子どもと思いを共にし、活動を共にすることで、子どもはより主体的になれます。そしてまた子どもと教師の仲間としての信頼関係が深まります。

「一人でできなければ自立ではない」と教師が子どもから距離をおく実践にしばしば接しますが、真の自立とは、誰かの支えがあってこそ、です。あるいは私たちの生きがい・やりがいは、誰かが共にいてくれてこそ、です。

学校においても、そういうリアルで本物の自立を大切にしたいのです。

❷「各教科等を合わせた指導」の授業づくり

「各教科等を合わせた指導」は生活づくり

「各教科等を合わせた指導」は、総合的な生活活動を学習活動として展開します。総合的な生活ですので、本来、四五分や五〇分で区切る時間割はなじみにくいものです。その意味で、「各教科等を合わせた指導」を週日課に位置づける場合、なるべく自然で実際的な流れを大切にします。通常教育で総合的な学習の時間を展開する場合も、時期でまとめ取りをしたり、チャイムを鳴らさないようにしたり、という配慮がなされることがあります。自然な生活の流れやまとまりを重視する点で、「各教科等を合わせた指導」の配慮点にも通じます。

「各教科等を合わせた指導」を大切にすれば、可能な範囲での、学校生活全体の見直しも求められます。

「各教科等を合わせた指導」の授業づくりは、学校生活づくりでもあるのです。

自然な生活の流れを

「各教科等を合わせた指導」は週日課の中で、なるべく自然で必然的に取り組めるように配置します。

しかし、ひとくちに「各教科等を合わせた指導」といっても、指導形態ごとに性格が異なります。その性格によって週日課での位置づけも異なります。具体的には、「日常生活の指導」と他の三つ「遊びの指導」「生活単元学習」「作業学習」を分けて考える必要があります。

「遊びの指導」「生活単元学習」「作業学習」は子どもの各ライフステージでの生活の中心的な活動として重視されます。教育史の中では、これらの活動は通常教育で行われてきた「コア・カリキュラム」と本質を同じくします。「コア」つまり生活の中心となる核ですから、週日課の中でもなるべく中心に大きく位置づけることになります。さらにできれば、その流れを毎日同じようにします。そうすると、子どもは「今日も〇〇をがんばろう」と見通しをもちやすくなります。

これに対して、「日常生活の指導」は日々繰り返される日常的な諸活動（着替え、トイレ、食事、係仕事、朝・帰りの会など）を支援する指導形態です。当然、それらが実際的に行われる時間に毎日設定します。「遊びの指導」を生活の中心としてではなく、朝のウォーミング・アップのように自由遊び的に展開する場合があります。この場合は「日常生活の指導」に準じて朝の短い時

	月	火	水	木	金
9：15	着替え・朝の活動				
9：15〜10：00	朝のつどい（学部集会）				
10：00〜12：00	生活単元学習				
12：00〜13：15	昼食・昼休み				
13：15〜14：00	音楽	体育	国語	算数	児童会
14：00〜15：00	着替え・帰りの活動				

帯状の週日課（例）

間に毎日設定するようにします。

「教科別、領域別の指導」も、なるべく子どもたちが見通しをもって取り組みやすいように毎日同じ流れの中に位置づけたり、曜日を定めてまとめて配置したりします。

このように整理すると、週日課はシンプルなものになります。横に中心となる活動が太い帯のように配置され、他の活動も規則的に配置されることから、「帯状の週日課」と言われるものです。教科担当教師のシフトや特別教室の使用シフトなどからこのようにスッキリとはしにくい場合でも、なるべくシンプルで繰り返しのある週日課にしたいものです。「帯状の週日課」で「各教科等を合わせた指導」を日々の生活と同じように繰り返せれば、見通しもあり、かつ力の習熟にもつながります。

時期ごとのテーマを大切にして

ここでは、主に生活の中心として魅力を発揮する「遊びの指導」「生活単元学習」「作業学習」の年間計画について述べます。学校生活の中心であるこれらの授業における単元のテーマは、その時期に子どもがやりがいと手応えをもって取り組む生活の中心的なテーマともなります。

年間計画を考える場合も、子どもが生活のテーマに存分に打ち込めるようにします。ポイントとしては、

・時期ごとに適切なテーマを設定する

・適切な期間で計画する

ことがあげられます。

適切なテーマ設定

何をもって適切というかはさまざまな観点があるでしょう。しかし「各教科等を合わせた指導」の年間計画ですから、それが大切にするところの、子どもが実際的な生活に主体的に取り組めるという観点から適切性を考えることになります。

そう考えると時期ごとに、生活としての自然なテーマの視点があることに気づきます。四月は学級開きの時期です。お互いにまだ新しい仲間（担任含め）や新しい教室などに慣れていない時期ですから、まずは学級でまとまって取り組めるテーマや、新年度らしいテーマを考えます。

学級の仲間でのまとまりや落ち着きができてきたら、少し冒険して、他の学級の仲間や地域の人たちなども巻き込むテーマを設定することもあるでしょう。

そうこうしているうちに夏が来れば、プールなど、夏の季節にふさわしいテーマを設定します。秋になれば、運動会や学校祭など全校で取り組むテーマに。冬は冬らしく、年度末は締めくくりの活動をテーマに、という具合です。

以上は、あくまで一例です。地域や学校、あるいは先生方の生活感覚によって多様な生活のテーマが考えられます。要は、そうしてできあがった年間計画が自然で実際的か、子どもたちが主体的に取り組めそうかどうか、がポイントです。

なお、年間計画は年度当初からガッチリ決めておくことはないのです。四月のころにその時点での子どもの様子から考えた秋や冬のテーマが実際その時期になっても子どもに合っていると言えるでしょうか。実際には子どもは日々成長していますし、子どもを取り巻く生活の様子も変化しますので、より子どもに即してテーマ設定をするなら、時期が近づいてきたころにテーマを考えたほうがよい場合もあります。毎年繰り返しているおなじみのテーマ（季節や行事、地域の習慣などに根ざしたものなど）以外は大まかな計画にとどめておくことをお勧めします。

適切な単元期間

単元期間、つまり一定のテーマで取り組む期間も、子どもが存分に取り組めるという点から考えます。これまでの実践の歴史から見ますと、数週間くらいが妥当のようです。あまり短すぎると、テーマ意識をもつ前、活動に慣れる前に終わってしまいますし、何か月にもおよぶと間延びしてしまいます。数週間くらいの期間でのテーマ設定で、見通しとまとまりのある活動を実現できるように計画します。

「日常生活の指導」の年間計画

「日常生活の指導」で取り組む活動は、多くが毎日当たり前のように営む活動です。その意味では生活の区切りなどは設けにくいですし、不用意に設ければ不自然な取り組みになります。たとえば、着替えの活動で、「四月はシャツを脱ぐ、五月はシャツを着る」のような区切りは不自然になる懸念があります。実際の着替えは脱ぐのも着るのも毎日繰り返しているのですから。そのように活動を不自然に段階化するのではなく、より主体的に取り組めるという点で「脱ぐのは上手になってきたから今度は着るほうで」と考えるのはあってよいことです。その場合の期間設定はその子に負担なく、達成可能な期間（願う姿の難度にもよります）で設定します。間違っても、月ごとに機械的に振り分けるようなことは避けます。

単元のテーマを考える

週日課や年間計画の枠組みができあがったら、いよいよ単元計画です。テーマは単元の成否を決める重要な要件です。この時期、本気で打ち込める生活になるかどうかが、テーマ次第で決まります。

望ましいテーマの条件は、

・子どもにとって魅力的
・活動とテーマが直結していて具体的
・どの子にもできる活動がある
・テーマに沿って活動を繰り返せる
・期間内での発展が期待できる
・どの子も共有できる

などがあげられます。

単元一色の生活をつくる

テーマに沿って取り組むと、活動に見通しやまとまりが期待できます。一つひとつの活動が異なっていても、共通のテーマのもとに取り組めば、つながりがわかりやすいので、見通しやまとまりができるのです。あれやこれやを雑然とこなす毎日はわかりにくくやりにくい、疲労感ばかりが募る生活になります（私たちの仕事もそんなだとつらいものです……）。

そこでテーマに沿って活動を関連づけます。これは、単元の活動にとどまらず、他の授業、「日常生活の指導」や「教科別、領域別の指導」でも可能なかぎり、関連づけを行います。そうするとそれらの活動にも意欲的に取り組みやすくなります。「生活単元でパーティーを計画、国語の時間に招待状を書く」といった取り組みをして、国語の時間も意欲的に取り組めたという経験をされた先生は少なくないかと思います。

単元のテーマに沿って学校生活が一色になれば（一色に近づけられれば）、子どもたちの生活はまとまりとやりがいのあるものになります。

どの子にも「できる状況づくり」を

いよいよ授業づくりです。

「各教科等を合わせた指導」では、四つの指導形態のいずれでも、実際的な生活に、子ども一人ひとりが主体的に取り組めるようにします。そのためには、どの子にも「できる状況づくり」をすることになります。

前述の週日課や年間計画、単元計画も子どもがよい条件で活動できるように考えるのですから、これらも「できる状況づくり」にもちろんなります。授業づくりでは、授業展開の計画や教材・教具・場、教師の声かけなどの、より直接的な「できる状況づくり」をすることになります。

子どもの様子と目標、手立ての整合性を図る

「できる状況づくり」のためには、子ども一人ひとりの様子を的確に把握し、それに基づく目標を立て、その達成のための手立てを講じることが必要です。

様子・目標・手立ての三者の整合性が図られなければなりません。そのためには特に次の二点が重要です。

一つには、いずれも授業の目標（主体的な姿の実現）という観点で一貫していることです。子ども理解は観点によってまるで変わります。子どもが主体的に取り組むという観点から子どもの様子を把握し、子どもがより主体的に活動できるようにという観点から目標を設定し、そのための手立てを講じるのです。しばしば、様子がごくごく一般的な内容で観点が定まらなかったり、

目標が一般的なスキルの獲得だったり、手立てが目標達成とは別の意図で講じられていたりということがありますが、そうならないように一貫性をとります。

二つには、いずれも描写する子どもの活動をそろえることです。特に様子の部分で、授業と関係のない諸情報が満載なんていうこともあり、かえって子ども理解を拡散させます。シャツを着ることに関する内容であれば、そのことに絞って書き、目標もシャツを着る姿に映し出し、手立てもそのために、と活動をそろえることが必要です。

個別の指導計画で方向づける

個別の指導計画で、その子に期待する姿・目標が方向づけられていれば、各単元ごとの授業段階で個別に様子・目標・手立ての計画（これも単元ごとの個別の指導計画といえます）を作成する場合も、ブレずに立案ができます。

❸「生活単元学習」展開のポイント

生活単元は妖怪？

筆者は以前、戦後の知的障害教育を実践現場でつくってこられた先生に、知的障害教育課程のあり方についてご指導をいただいたことがあります。その先生は一九六〇年代から七〇年代当時を振り返り、「生活単元学習は妖怪だ」とおっしゃいました。その意味は「『生活単元とは』というろいろな先生に尋ねると、みんな違った答えが返ってくるから」とのことでした。なるほど、いったいどんなものなのか、目撃者によってみんな証言が違えば、それは妖怪と言われても仕方ありません。

指導要領解説による定義

生活単元学習には、現在においてもそのような、悪く言えばあいまいさがあります。このことは、よく解釈すれば生活単元学習を型にはめない多様性とも見ることができます。筆者は現場の自由という観点から、このような多様性があることを認めてもよいかなと思っています。しかし、その一方で、生活単元学習とは、という問いには指導要領解説ではきちんと定義をしています。多様な意見は自由ですが、いわば「公式見解」は存在します。

指導要領解説では次のように定義しています。

生活単元学習は、児童生徒が生活上の目標を達成したり、課題を解決したりするために、一連の活動を組織的に経験することによって、自立的な生活に必要な事柄を実際的・総合的に学習するものである。

この定義でまず重視されるべきは、その目的、何のために生活単元学習をするのか、です。それに該当するのが、「児童生徒が生活上の目標を達成したり、課題を解決したりするため」という箇所です。つまり生活単元学習は、子どもが生活上の目標を達成したり、課題を解決したりするために行われます。目標達成をめざし、それをかなえる子どもの姿は、まさに頼もしく自立した姿です。指導要領でも明確なように、知的障害教育の目標は生活の自立です。生活単元学習では、まさにその自立した姿の実現をダイレクトに願うのです。

そうすることで、生き生きとした生活が実現できれば、その過程に必然して、「自立的な生活に必要な事柄を実際的・総合的に学習する」ことができます。生き生きとした生活に取り組んでいれば、単なるスキルではない「生きた力」が発揮され、確かに育っていくのです。

指導要領解説にある定義は、短い文章ではありますが、生活単元学習の魅力を豊かに表しています。

本末転倒にならないように

生活単元学習では、生活に必要な多様な力が豊かに身についていきます。このことは生活単元学習の大きな魅力の一つには違いありません。しかし、そうなるのは、子どもが生活上の目標に本気で取り組む生活があってこそです。

力の習得を願うあまり、生活単元学習で子どもが本気で打ち込む生活が脇におかれ、さまざまな力の単なる指導の場となることが、しばしばあります。「これは本気の生活ではなく、生活の場を借りたお勉強だな」と思えてしまう実践は、子どもたちから確かな力の育ちを保障する本物の生活を奪う結果になってしまいます。力の育ちを願うことは教師の良心として正しいことと思いますが、だからこそ、生活単元学習では（そして実はすべての「各教科等を合わせた指導」では）本物の生活を子どもと共に本音で追究することを最優先としてほしいのです。

本気になれる生活のテーマで

生活単元学習の生命線は、その生活を単元化する要ともいえる単元のテーマです。単元のテーマが単元の成否を決めます。筆者も現場教師時代、単元のテーマではずいぶん苦しみました。「各教科等を合わせた指導」で単元化して取り組む場合のテーマの総論的な条件などは、すでに述べました。ですから、以下では、生活単元学習のテーマ構想を実際の現場での思考に即して考えます。

生活単元学習のテーマは子どもが本気になれるテーマであるべきですが、そうであれば、そのテーマは、教師自身も本気で打ち込めるものである必要があります。遊びをテーマにするなら教師も本気で遊びたいと思える楽しい遊びに、働くことをテーマにするなら教師も本気で働かなければならない仕事に、という具合です。

「あくまで授業なんだから、そこまで……」とお考えの方もいらっしゃるかもしれません。しかし、なぜ教師も本気になれるテーマでなければいけないかという理由は簡単です。自分が本気になれないもので、子どもに本気の思いなど伝えられるはずがないからです。ですから、生活単元学習のテーマ構想も、まずは教師自身が、「みんな（このみんなは子どもたちと自分）でこんなことやってみたいなあ」と本音で思えることから始めることを強くお勧めします。

考えてみれば、教師が授業の内容に惚れ込んでいるというのは通常教育の教科の授業なども含め、実はよい授業に共通する条件かとも思います。教師が本音でおもしろいと思うこと、大切だと思うこと、伝えないといけないと思うことなどを、私たちはどんな授業であれ、子どもに提供しているのではないでしょうか。

どんな授業でも、教師自身が本音で惚れている内容だからこそ、その魅力を子どもたちにも伝えられるのだと、筆者は考えています。

教師の本音には確かな子ども理解が伴う

教師がやってみたいことを単元に、などと言うと、教師の独りよがりになるのでは、ということが懸念されます。実際そういうことはあり得るでしょう。教師ばかりが楽しんでいて、子どもは所在なさげにしているという授業もあります。

しかしここで大事な本音の理解は次の点です。単元構想での教師の本音は、「私はこんなことをしたい」という単数形の主語ではなく、「みんなでこんなことをしたい」という複数形の主語で考えることが重要なのです。「みんなで」つまり、子どもも含めて考えるのであれば、その本音の中には「これをやるとAさんも楽しいだろう」「Bさんはきっとがんばるだろう」という姿が含意されているはずです。間違っても「これはCさん苦手だけどいいや！」なんてことは入らないはずです。つまり、この場合の教師の本音には、ふだん共に生活している子どもの姿やその子への願いが、明確に言語化されていないとしても含まれているのです。いわば、「文字化される前の個別の指導計画」が教師の頭の中には存在しています。

このような思考は、私たちが家族や友人と何か楽しいことをしようとするときなどの思考と全く同じです。家族や友人と何かをしようと思うときには、自ずとみんなが楽しめることを候補にしているはずです。生活単元学習に限らず「各教科等を合わせた指導」は実生活に即した学習ですので、こういった生の生活感覚が大事です。

この段階での単元構想の精度は、私たちが家族や友人を身近に感じ大切にしているように、日々、子どもの思いに寄り添い、共に活動することによってこそ担保されます。

計画を言語化する

本音の構想が大事といっても授業計画ですから、きちんと言語化していくことが必要です。この段階で、単元構想に基づく活動内容の精査や子ども一人ひとりの個別の指導計画の具体化が可能かなどを検討します。何を目標とするか、日程はどう組むか、主な活動は、一人ひとりの活動は、等々、単元計画の具体化を図ります。

こうして言語化・計画化することで、他の教師との検討が可能になります。そうすれば、心配される独りよがりの是正にもつながり、さらに精度の高い授業計画にすることができます。

単元のテーマはさまざま

生活単元学習は、生活上の目標や課題をテーマとしますので、生活自体の多様さに比例して多様に設定できます。教師の生活感覚の豊かさも単元のテーマ設定には大きく影響します。それほど多様なものですが、実際の現場で行われているものは、たとえば次のようなものがあります。

・遊ぶ単元

特に低年齢の子どもにとって遊びは生活の中心です。ですから、小学部段階では、遊びをテーマにした単元が行われます。オリジナルの遊び場を設定して思いきり遊び込む場合、近隣の公園や児童遊園などに出かけて遊び込む場合など、活動のスタイルはやはりさまざまです。

・ものづくりの単元

ものをつくる活動を中心とした単元も多く行われます。ものづくりは工程の多様化が図れ、多様な子どもが力を合わせて活躍することが容易です。その意味でも取り組みやすい単元です。「プレゼントづくり」などの楽しくつくるテーマ、「作業小屋づくり」などの真剣に本格的につくるテーマと、ものづくりと一言にいっても多様な単元設定が可能で、生活年齢やその時点での生活の様子や必要感などでさまざまな単元設定が可能です。

・働く単元

「牧場で働こう」「校内実習」「学校を大掃除」など、思いきり働くことも魅力的な単元です。小学部段階でもあり得ると思いますが、その場合は楽しみながらという側面も必要でしょう。青年期に入った生徒たちには、青年らしく存分に働ける活動を展開します。

・出かける単元

外出や宿泊の単元も魅力的な取り組みです。「遠足」「ハイキング」などの単元は、毎日お弁当を作って出かけるのも楽しいです。ところが、「修学旅行」など本番が遠出の場合はそういうわけにはいきません。そこで事前学習と称して、行き先を調べたり、しおりを作ったりといろいろ盛り込みますが、結果的に活動量もなく、散発で単元化しにくいこともあります。その場合、たとえば、旅行先の名物を毎日料理して楽しみ、当日は本場の味を堪能するというような、ものづくりの単元のノウハウを活用するのも一つの方法です。

・行事の単元

運動会や学校祭など学校の行事、花見や夕涼み会などの季節や地域の行事等々、行事もテーマとして魅力です。全校で取り組む運動会や学校祭は、各学部や学年の得意な活動を中心にしながら、全校でも準備に当たるなど、大規模で一体感のある単元になります。季節や地域の行事の単元化も、季節感や地域のよさが心にしみこんできます。

・劇や演奏の単元

学習発表会などの行事と絡めて取り組むほか、それ自体を楽しむ形での単元化もあります。みなさんに見ていただくという緊張感は、真剣な活動につながります。多様な子どもが参加しにくい場合があるので、子どもに合わせた台本や楽器の工夫など、みんなが活躍できることに努めます。

日々の授業評価と改善を

生活単元学習では、日々子どもが精いっぱい取り組め、首尾よく成し遂げられているか、授業者自身が評価していくことが必要です。「このくらいできているから、いいか」ではなく、日々「より主体的に」をイメージして子どもの姿を評価し、可能な範囲で授業改善にあたっていきます。

期待する姿が実現できなかった場合、直接的には手立ての反省をします。そして手立ての改善によって対応ができればそれでよし、そうでない場合は、目標設定が子どもに合っていなかったのではないか、さらには子どもの様子の把握の段階から間違っていたのではないかと、様子・目標・手立ての総括的な検討をし、授業計画の改善につなげていきます。いわゆるＰＤＣＡサイクルに相当する作業です。

子どもの姿から、授業を評価するのです。子どもの学習評価と授業評価は、本来、一体的な営みです。

成果も評価検討

授業改善過程で忘れがちなのが、うまくいったことの評価です。失敗の評価は改善に必須ですが、うまくいったことの評価は忘れられがちです。よい成果を正しく次の授業につなぐためにも、なぜうまくいったのかの評価も前述の様子・目標・手立ての評価によって行っておきます。

授業でうまくいったのはけっこうなことですが、それが本当に授業の成果であるかどうかということもあります。

子どもの様子の理解が甘く、授業でうまくいったことは実は以前からできていて、教師がそれを知らなかっただけなのかもしれません。筆者も、授業で子どものよい姿に接し、うれしさのあまり、連絡帳でそのことを熱く保護者に報告したところ、翌日、保護者から「先生、それは前からできていましたよ」とさらっと返信されて赤面、という苦い思い出があります。

また、授業でできるようになったことが、授業の成果でなく、保護者が家でがんばって教えてくださっていたということもあります。

このようなこともありますから、授業でうまくいったことも、子どもの様子の正しい理解に基づく成果なのか、教師が講じた手立ての結果であったのか、という緻密な分析と整理が必要なのです。

これらの分析と整理を経て、確かに授業の成果と認められたのであれば、その成果は、次の授業づくりの大きな基盤になります。

❹「作業学習」展開のポイント

作業学習は「働く学習」だけど……

作業学習のイメージづくりは、知的障害教育に初めてふれる方々でも、きっと前述の生活単元学習よりは容易だと思います。「作業」という言葉に、一般的に共通するイメージがあるからです。つまり必ず「働く」「仕事」がイメージされるはずです。そこまでのイメージは正解です。

しかし、実践現場では、学期末の大掃除や単発のちょっとしたプレゼントづくりも作業学習と称している場合があります。これらは確かに働くことや仕事には違いありません。そして、教育的価値も高く、大いに実践されてよいものでしょう。ただ、これらを作業学習と称するかどうかは、別の話になります。作業学習の理解も、やはり多様で幅が広いようです。

現場が自由に授業実践を発想し、新しい実践を産みだしていくことは望ましいことです。その自由を大事にしつつも、やはりあるべき作業学習の輪郭はしっかり持っておくべきです。生活単元学習ほどではないにしろ、多様に解釈される作業学習。ここでも公式見解をきちんと押さえておくことが必要です。

指導要領解説には、次の記述があります。

> 作業学習は、作業活動を学習活動の中心にしながら、児童生徒の働く意欲を培い、将来の職業生活や社会自立に必要な事柄を総合的に学習するものである。

以上がいわば、作業学習の定義の公式見解となります。

作業活動を中心に

指導要領解説の定義で、筆者がまず注目したいのは、「作業活動を学習活動の中心に」という文言です。

ここでは、作業活動が学習活動の中心になる、と書かれています。「中心」ですから、作業活動が学習活動の中で時間もしっかり取るなど、最大級に尊重されることと考えます。この点では、単発の働く活動まで作業学習と位置づけるのは、やはりものたりないものとなります。

教室の掃除もプレゼントづくりも作業活動には違いないでしょうが、作業学習でいわれる作業活動は、職業生活を意識したものですので、基本的には実社会での働く生活との関連性の強いものを想定することになります。

実社会における働く生活には次のような特質があります。一つには高い労働性。日中の時間の多くをそれにあて、精いっぱい取り組む活動です。もう一つは継続性。働く生活を毎日継続していくことです。ですから、作業学習で作業活動を中心とする場合、これら実社会での働く生活の特質を学校教育でも展開することに意をそそぐことになります。

「掃除」を例に作業学習を考える

掃除の例で考えると、冒頭にあげた大掃除は、通常の掃除より仕事量が多く労働性は高くなりますが、単発の取り組みです。作業学習と位置づけるよりは、特別活動に位置づけたほうがよいでしょう。

学校で毎日取り組む掃除は継続性は十分にありますが、学習活動の中心というほどの仕事量はありません。ですからこれは、毎日習慣的に繰り返される活動ということで、作業学習と並ぶ

「各教科等を合わせた指導」である日常生活の指導に位置づけられます。

一方、最近作業種としてとり上げられることが多くなっている「ビルメンテナンス」「ハウスクリーニング」などは掃除といえば掃除ですが、これを「本業」として労働性高く毎日取り組みますので、立派な作業学習になります。

「中心に」をもう少し掘り下げると

作業活動を中心にするのが作業学習であると述べてきましたが、実際の作業学習を見てみると、作業活動が脇に追いやられ、特定のスキル習得が中心にされている場合が多々見受けられます。たとえば、「報告」は働く生活では大事なスキルですが、先生が生徒に報告の指導を熱心にしている横で作業製品が床に落ちている、という場面が時々あります。生徒は拾わないし、先生も注意しない。報告が上手にできるとそれをほめて去っていかれます。お客さまが手に取る製品が床に落ちている、自分が心を込めて作った製品が床に落ちている。本気でその仕事に惚れ込んでいれば、これは見過ごしにはできないことのはずですが。

作業活動を中心にするということは、ただ仕事をたくさんすることだけを意味するのではなく、仕事の本質ともいえる心――お客さまに喜んでいただく製品を作りたい、納得のいく仕事をしたい等々――をも、中心にすることと理解すべきです。

筆者は養護学校（当時）初任で作業学習を担当した当初、上司から「仕事に惚れろ」と教わりました。ここでいう仕事は、教師という仕事ではなく、筆者が担当していた機織りの仕事です。この指導を実行に移して筆者は、生徒と共に機織りにのめり込む生活、本物の仕事に本気で打ち込む生活の価値を知りました。

働く力を総合的に学習する

作業活動を中心にする、つまり物理的にも思いにおいても本格的・本物の仕事を展開すれば、そこではさまざまな働く力が実際的な必要感の中で発揮され、総合的に養われていきます。作業学習の魅力はそこにもあります。

先ほどの報告の例のような一部のスキルに特化して指導するのではなく、本物の仕事のもつ教育力を信じるわけです。我々自身が仕事をしながらさまざまに育っています。それと同じことを期待するのが作業学習です。特定のスキルを指導する場は教科別の指導がふさわしいでしょう。

年間計画に継続性とテーマ性を

作業学習の年間計画を立てる場合にまず大切にしたいのは継続性です。実社会での働く生活同様、一定の作業活動をなるべく年間を通じて継続します。「作業学習は一学期だけ」といった計画は避けます。期間限定で働く生活に取り組む場合はむしろ生活単元学習として展開することが望ましいでしょう。中学部の作業学習は生活単元学習と交互に行われたりします。そのような場合も飛び飛びではありますが、なるべく年間を通じて作業学習を計画するようにします。

「さまざまな働く経験を」ということで、年間計画の中で、何回も作業班を変わる場合もありますが、実社会の生活では仕事を年に何度も変えるのは不自然ですし、生徒が本気でその作業に惚れ込んでのめり込むこともできにくくなります。学校であれば生活が変わる節目はやはり一年ごとですので、最低一年間は同じ作業班でがんばれればと思います。その上で、在学期間を通じて複数の作業班を経験するようにします。

単元化でやりがいのある生活に

作業学習は継続的に取り組む分、時に漫然と同じ仕事を続けることになりがちです。そうなるとマンネリ化し、やりがいも手応えも感じられなくなります。目標もなく、ただ働くだけですから。そこで作業学習を単元化し、一定の作業活動を継続しつつも、時期ごとに目標をもって精いっぱい取り組めるようにします。

単元化というと大げさですが、我々の働く生活もただ働いているだけでなく、折々に目標をもって取り組んでいるはずです。要はそのような実社会の働く生活と同じようにすることが単元化です。

単元化することで年間計画に節目が生まれ、時期ごとにまとまりのある生活が展開できます。

本物の生産活動を単元に

単元のテーマは、本物の作業活動を追究すれば、自ずと定まってきます。要は我々が社会で働く生活をする際、その作業種で当然テーマにすることを単元のテーマにすればよいわけです。

製作活動を主とする作業種（これが圧倒的に多いのですが）であれば、製作・販売が当然の流れ。そうなれば、販売をテーマにした単元を組みます。「販売会」「納品」「新製品開発」「販路開拓」等々、製品の販売をめざしたテーマを設定し、単元を計画することになります。

農耕作業などで生産物の生産スパンが数か月におよぶ場合は、最終的な販売をめざしつつ、「作付け」「収穫」「加工」など生産期間の中での節目の活動を単元化することもあります。

近年増えてきている「ビルメンテナンス」「ロジスティックス」「喫茶」などの流通・サービス業系の作業種では必ずしも製作・販売がメインになりません。その場合でも、仕事の目標が当然ありますので、それをテーマにします。「公民館の清掃」などはテーマになり得ます。「ロジスティックス」や「喫茶」でもその月の営業目標を掲げて単元化することは可能です。

「外売り」を基本に

どんな作業種でも、実社会での活動を基本にすべきです。製作を主とする作業種であれば外部に販路を求めること、流通・サービス業系であっても校外に顧客を求めることです。校内の教職員や保護者を相手にする作業は、作業規模が小さくなったり、甘えが出たり、逆に不自然な厳しさが出たり、と本物らしさに制約が生じます。生徒も教師も本気で働くには、厳しい実社会に活動の場を求め、お客さまに鍛えていただくことが最も効果的ですし、本気のやりがいや手応えのある生活を積み重ねることができます。

作業学習の評価

作業学習といえども授業です。評価は他の授業と基本的に同じです。つまり目標を達成できたか、に尽きます。単元目標、授業目標、個別目標の三つの層があり、それぞれの達成状況を評価します。

単元目標や授業目標の達成は全員で共有される集団目標の達成を意味します。「販売会」がテーマであれば、販売会が成功したかが単元の評価に、その日の授業での生産目標をみんなで力を発揮し、力を合わせて達成できたかが授業の評価になります。

個別目標は、生徒一人ひとりに期待する姿の達成であり、一授業、一単元などを通じた姿を評価します。ここでは単元や授業の目標達成を各生徒にとってという点で具体化し、個別に目標を設定します。ある生徒は「販売会をめざして○個の製品を作れたか」であり、ある生徒は「時間内で手を休めずに穴開けができたか」であり、と生徒の様子によって多様に設定します。

作業学習の個別目標は、職業的なスキルの習得に収斂されがちです。もちろんスキルを目標にしてもよいのですが、「販売会をめざして」のように、テーマに沿った意味のある文脈でのスキル発揮を目標にすべきです。また、「仲間と共に」というみんなで活動することのよさを支援する視点での目標設定も重要です。作業学習は単なる職能訓練ではなく、仲間と共に、やりがいや生きがいの中での成長を支援する、全人教育であるからです。

個別目標の評価には、目標に即した手立てが具体的に設定されていなければなりません。授業評価はどの授業もそうですが、授業という行為の中で教師が講じた手立てに即した子どもの姿を評価していきます。結果オーライや偶発的に育ったこと（このこと自体は生徒にとって価値あることですが）は授業の成果ではないのですから、そのことをもって良しとしてはいけません。手立てに即した評価は、具体的な授業の事実に即した評価を可能にします。具体的な事実に基づくものですから、次の授業に成果や課題を引き継ぐことができます。

教師が「こうすればAさんはもっとよい姿になる」と願いをもって講じた手立ての結果を評価

することが基本です。

❺「遊びの指導」展開のポイント

「遊びの指導」の語感

遊びの指導。知的障害教育関係者にはなじみのこの用語も、ちょっと冷静になって、一般的な言葉として考えると「?・?・」という言葉かもしれません。「『遊び』はわかる。『指導』もわかる。でも『遊びの指導』となると?・?・」という具合です。なんとなく感じるこの違和感は、おそらく「遊び」という言葉のもつ自由で自発的な語感と、「指導」という言葉のもつある種の制約感とのミスマッチから来るものかもしれません。

その違和感が教師に迷いを生み、実際の授業で、遊びの指導が、どこかぎくしゃくしたものになってしまうこともあるのではないでしょうか。

しかし、知的障害教育でいう遊びの指導は、基本は本来の遊びを大切にし、めいっぱい遊ぶことに徹してよいものです。指導という言葉は、今日的には支援と置き換えてもよいと思います。子どもがよりよく遊ぶことを支援する、そのことが、結果的に子どもの豊かな育ちの支援につながります。

指導要領解説から

遊びの指導も「各教科等を合わせた指導」ですから、未分化で総合的、かつ実際的な生活活動をベースにした学習活動です。私たちの生活の中でも遊びはさまざまな目的のもとに展開されますから、遊びの指導の解釈の幅も多様です。しかし、そうは言っても遊びの指導にもやはり公式見解は存在します。

指導要領解説に述べられている遊びの指導の定義は、次のとおりです。

　遊びの指導は、遊びを学習活動の中心に据えて取り組み、身体活動を活発にし、仲間とのかかわりを促し、意欲的な活動をはぐくみ、心身の発達を促していくものである。

以上の記述が遊びの指導の公式な定義となります。なお、指導要領解説ではこの定義に続いて遊びの指導が解説されていきますが、そこでは一貫して指導の対象が「児童」とされています。つまり遊びの指導は小学部・小学校段階の指導の形態であることがわかります。

遊びを中心に

遊びの指導の定義もまた豊かな内容を簡潔に示していますが、筆者は、「遊びを学習活動の中心に据えて」という部分がとても大事だな、と考えています。遊びは学習活動の中心とされてこそ遊びの指導だと思うのです。

定義の後段には「身体活動」「仲間とのかかわり」「意欲的な活動」「心身の発達」と、遊びの指導で育まれるさまざまな力が示されています。これら多様な力の育ちが期待できるのが遊びの指導の魅力の一つですが、これらの力の育ちを第一の目的にしてしまうと、遊びそのものが脇に追いやられてしまうことにもなりがちです。

あくまで遊びが中心にあること、すなわちめいっぱい遊ぶことがあってこそ、定義にあげられているような豊かな育ちが期待できるのだと考えます。

遊びが育む力を柔軟に解釈する

筆者は遊びの指導の定義を支持しつつも、後段の育まれる力の内容は、指導要領解説にある他の「各教科等を合わせた指導」（日常生活の指導や生活単元学習、作業学習）の定義にある当該の記述に比べ、具体的すぎるのではないかなと思っています。「身体活動を活発に」といっても、教室でじっくり取り組む遊びもあります。「仲間とのかかわり」といっても、子どもによっては一人で遊びに没頭することを大切にしたい場合もあります。

他の三つの指導の形態の定義との整合性からも「意欲的な活動をはぐくみ、心身の発達を促していく」くらいにとどめたほうが育む力は柔軟に解釈できてよかったかなと思います。もっとも「身体活動」「仲間とのかかわり」もその子なりに、という視点で柔軟に解釈すれば、静的な遊びや一人遊びも肯定的に認めることは可能です。定義を堅苦しく考え、体を使う活動を取り入れたり、仲間との遊びに誘ったりということをむりやり盛り込むというようなことは避けます。

「これは遊びの指導？　生活単元？」

生活単元学習の中で、遊びをテーマにした授業が展開されることがあります。そうすると、必ずと言ってよいほど、「これは生活単元ではなく遊びの指導ではないか」という議論が生じます。遊びの指導が指導要領解説で初めて言及されたのは昭和五四年度版の指導要領解説からです。その際には独立した項目はなく、項目が他の三つの指導の形態と併記されたのは平成元年度版の指導要領解説からです。そこには、次の記述があります。

遊びの指導は、必ず指導の形態として行わなければならないものではない。日常生活の指導の中で遊びを指導したり、遊びを取り入れた生活単元学習で遊びを指導したりすることもできる。

つまり、遊びの指導は、他の「各教科等を合わせた指導」よりも後に整理された指導の形態であり、独立した形態とされるまでに従前の指導の形態の中で展開され、効果を上げてきたものなのです。ですから、他の指導の形態として実施されても、問題はないわけです。

遊びの指導と他の指導の形態

日常生活の指導の中で遊びの指導を展開するという場合、たとえば朝の登校後、身のまわりの準備を終えてから、他の子どもの朝の準備ができるまで教室や校庭で自由に遊ぶ時間を設けるという幼稚園や保育所での自由遊び的な取り組みがあります。また、朝の会の中で、ゲームをメニューに入れて楽しむというのもあります。いずれも日常生活で繰り返す生活活動として遊びが自然に展開されます。

生活単元学習で遊びを展開する場合は、遊びをテーマにして一定期間の生活を単元化します。この点はこの後詳しく述べようと思います。

教科別の指導でも遊びを取り入れ、効果を上げることがありますが、この場合は、特定の教科内容の指導の遊戯化ですので、総合的な遊びの指導とは見なしません。教科別の指導の遊戯化は、特定の教科内容の習得を中心としたものですから、遊びを中心とするという遊びの指導とは目的も異なります。

単元化で子ども主体に

単元化というのは教育の目標を最も効果的に達成するために、活動内容を組織化することです。通常教育の教科指導も含め、どんな授業も単元化することで子どもにはわかりやすく、取り組みやすくなります。つまり、子どもが主体的に活動しやすくなるわけです。

遊びの指導においても単元化は有効な手立てとなります。そこで、特に教育課程の中心に位置づけて遊びの指導を展開する場合は、遊びを単元化します。そうすることで、より子ども主体の遊びが展開できるようにします。

遊びを単元化するには、遊びにテーマを設け、一定期間の生活をそのテーマに沿って遊ぶようにします。こうすることで遊びにまとまりができ、子どもにとっても見通しがもちやすくなります。「今日も○○で遊ぶぞ」というように期待感をもって登校することができます。

単元化した遊びは、いわゆる障害が重いといわれる子どもにとっても主体的に活動しやすくなります。一定期間、テーマに沿った活動が継続されますので、遊び場に来ると自分からお気に入りの遊具に向かっていくという姿が見られるようになります。

遊び込む

知的障害教育の現場では、「遊び込む」という言葉がよく使われます。この言葉も一般にはあまり使われない教育や保育の現場に独自の言葉かと思われますが、筆者はこの言葉が好きです。めいっぱい遊ぶ、生き生きとした子どもの姿が、「遊び込む」という一語に見事に言い表されているように思えます。

漫然とした遊び、おつき合い的遊びではなく、子どもが自分から・自分で・めいっぱい遊ぶ姿が、「遊び込む」という言葉には込められています。

なお、「めいっぱい」「遊び込む」という語感には、体を思いっきり動かして元気に遊ぶ姿がイメージされますが、あくまでその子なりに、ということも忘れてはいけません。障害が重いといわれる子どもにとっては、揺れや光を感じて楽しむことが、めいっぱいの遊び込みの姿ということもあります。その子なりの楽しさを大切に受けとめて、遊び込める状況づくりをしていきます。

遊び込むための「できる状況づくり」

子どもが遊び込めるための「できる状況づくり」には、さまざまな方途がありますが、遊びを単元化すれば、遊び込める状況を、一定期間つくっていくことができます。単元化とかかわって遊び込むための「できる状況づくり」のポイントとしては、以下があるでしょう。

・魅力的な遊びのテーマ……単元化にあたっては、単元のテーマは最も重要なポイントになります。子どもにとって魅力的なテーマであることが必要です。

・遊びを繰り返す……魅力的な遊びであれば、毎日繰り返したいもの。単発で日替わりの遊びではそのような願いはかなえにくいですが、単元化することで一定期間、テーマに沿った遊びを存分に楽しめます。

・遊びの発展を図る……単元期間中に遊びを繰り返すことで、めいっぱい遊ぶ日々が実現できます。しかし、どんな魅力的な活動であったとしても、繰り返すことは同時にマンネリ化にもつながります。そこで、一定の活動を繰り返しつつ、活動の発展を図ります。たとえば滑り台で毎日遊びを繰り返す中で、単元の途中からソリを遊具に加えて、より楽しく滑れるようにする、などの工夫です。単元の後半に交流先の学級の友達を遊び場に招待したりするのも期待感の高まる発展です。招待状づくりなどの活動の広がりも自然に実現できます。

遊び込む姿の評価を大切に

目標の実現をめざした手立ての成果を子ども一人ひとりの姿に即して評価するという基本的な考え方は、すでに述べました。

遊びの場合、めいっぱい遊ぶ姿が見られたかが、最重要の評価ポイントになります。単元のテーマに沿って、その単元での遊ぶ活動に、その子なりに存分に取り組めていたかを評価します。戸惑いや遊びにくさはなかったか、逆にものたりなさはなかったか等々、その子なりの遊ぶ姿を、そこで講じた手立てに即して評価するのです。

めいっぱい遊ぶ姿には、さまざまな力の育ちも伴います。そのような姿と育ちを期待し、魅力的な遊びをつくっていきましょう。

子どもの姿から授業改善を

子どもの姿の評価に基づき、授業改善をしていきます。遊びの流れの見直し、遊びにくい遊具の改良など、今日の反省を生かして明日の遊びを改善していきます。さらには、次の単元での改善にもつなげます。ここで留意すべきことは、課題への反省だけでなく、よい成果もきちんと総括し、次時へ、そして次単元へとつなげていくことです。

どの授業でもそうですが、子どもの姿の評価は、授業評価と授業改善につながります。

❻「日常生活の指導」展開のポイント

日常生活が充実し、高まるように

ここでもさっそく公式見解、つまり指導要領解説で述べられる「日常生活の指導」の定義を見てみましょう。

日常生活の指導は、児童生徒の日常生活が充実し、高まるように日常生活の諸活動を適切に指導するものである。

この定義は、他の「各教科等を合わせた指導」（遊びの指導、生活単元学習、作業学習）の定義に比べ、文章の構造がきわめてシンプルです。指導の意図は「児童生徒の日常生活が充実し、高まるように」、指導内容は「日常生活の諸活動」というように、指導の意図も指導内容も、そのものズバリですっきりしています。

「日常生活の諸活動」とは

日常生活の指導で取り扱う内容は、指導要領解説には、「たとえば、衣服の着脱、洗面、手洗い、排泄、食事、清潔など基本的生活習慣の内容や、あいさつ、言葉遣い、礼儀作法、時間を守ること、きまりを守ることなどの日常生活や社会生活において必要で基本的な内容である」とされています。これらの内容は、他の指導の形態にも含まれるものですが、日常生活の諸活動として展開される場合、日常生活の指導内容となるわけです。

日常生活の諸活動については、『日常生活の指導の手引（改訂版）』（文部省、一九九四年。以下、『手引』）に次のように述べられています。

学校生活で、児童生徒が、毎日ほぼ同じように繰り返す日常生活の活動には、たとえば、登校、用便、朝の支度（衣服の着脱、持ち物の整理など）、係りの仕事、朝の会、給食、掃除、終わりの会、帰りの支度、下校等の諸活動がある。

これら毎日ほぼ同じように繰り返される諸活動を指導していくことが、日常生活の指導です。

日常生活の指導の独自性

筆者は、日常生活の指導は、知的障害教育に独自の指導の形態であると考えています。生活単元学習は、知的障害教育の指導の形態の代表格のように思われていますが、教育学的に見れば、経験主義教育の代表的な指導法です。教育の歴史をひもとけば、戦後初期の我が国の通常教育においても、生活単元学習は精力的に実践されてきたものです。遊びの指導や作業学習も、名称こそ違えども、経験主義教育の伝統の中では、通常教育のさまざまな場面で実践され、成果を上げてきたものです。

それに対して、日常生活の指導は、それに相当する実践が他の教育分野には見いだせません。強いて言えば、通常教育における「生活指導」があげられますが、そのことに関して『手引』に次のような歴史的いきさつが述べられています。

昭和三七年度版養護学校小学部・中学部学習指導要領精神薄弱教育編解説で用いられていた「日常の生活指導」という用語を昭和四五年度版養護学校（精神薄弱教育）学習指導要領解説（中略）では、「日常生活の指導」と改めた。それは、日常生活そのものを指導するという意味を明確に表すためであった。

つまり既定の「生活指導」とは異なり、日常生活そのものを指導するという独自性が強調されたわけです。

日常生活の指導は、日々、習慣的に繰り返される日常生活の諸活動を支え、日常生活の充実や高まりを図るという、知的障害教育独自の指導の形態ということができます。

単に、基本的生活習慣などの習得ではなく、日常生活の充実や高まりという生活の質的向上までめざす指導であることを了解しておく必要があります。

日常生活そのものの指導

日常生活の指導が日常生活そのものを指導するということは、すでに述べましたが、実際の日常生活の指導ではそのようになっていないことが少なくありません。どうなっているかというと、日常生活の指導で扱われる内容である「衣服の着脱、洗面、手洗い、排泄、食事……」といった限定された能力を指導する展開になっていることが少なくないのです。これら日常生活動作（ADL）や基本的生活習慣の内容の指導が、日常生活の指導であると誤解されているのです。確かに、日常生活の指導にはこれらの内容が含まれていますし、それを指導する場面もあります。しかし、本筋は、これらの内容を含み込む日常生活の諸活動そのものの指導なのです。

自然な場面でさりげなく支える

とはいえ、日常生活そのものの指導とＡＤＬ等の指導の違いは、やっぱりわかりにくいかとも思います。そこで、例をあげて考えてみます。

たとえば、箸の使い方の指導。

なぜ、箸の使い方を指導するのか。それは箸の使い方を覚えるためではなく、楽しく食事をするためです。箸が上手に使えなければ、楽しい食事にはなりません。そこで楽しく、ストレスなく食事ができるように箸の使い方を指導するのです。ですから、指導場面は当然食事の時間になります。食事を楽しくとるためという、より上位の目標（これが日常生活の充実ということです）のもとに、箸の使い方の指導も位置づけられるからです。したがって、「水曜日の三時間目『日生』」のように、あたかも通常教育の教科学習のような時間割を設け、食事とは関係ない時間に、箸の使い方の練習をする、というような不自然なことは避けます。

豆の入ったお皿と空のお皿を用意し、ヨーイドンで、豆を空のお皿に箸で移していくというゲーム（？）で、箸の使い方指導をしているという実践を聞いたことがあります。しかしこれは非日常的な場面での指導であり、日常生活そのものを指導するという、日常生活の指導の本質を外した指導と言わざるを得ません。

また、食事の場面での指導だからといって、食事中にしつこく箸の使い方を指導するのも、いただけません。楽しく食事をするための指導であるはずなのに、しつこく指導されては、楽しい食事にならないからです。本質は楽しい食事であるべきですから、指導もより支援的に進めます。たとえば、箸を握りやすくする補助具を考えるなどの対応を心がけます。最近では、箸の使い方が自然に上手になるように形状を工夫した箸も発売されていますから、それらを活用するのも支援的です。さらには、子どもによって、もし箸の使用が難しければ、フォークやスプーンでの食事であってもよいのです。あくまで、「食事を楽しく」が目的で、箸の使用が目的ではないからです。

自然な日常生活の場面そのものを、さりげなく支えていくことが、日常生活の指導の本質だと考えます。

係活動や朝の会も日常生活の指導

係活動や朝の会も、日常生活の指導の内容です。ＡＤＬ等を日常生活の指導と誤解すると、係活動や朝の会は、なじみにくいと思いますが、これらも大事な日常生活の指導の内容なのです。係活動や朝の会は、ＡＤＬ等としてではなく、むしろ社会的役割として毎日習慣的に繰り返される諸活動といえます。ですから、これらの活動を、社会的役割としてしっかり遂行できるように指導することが重要となります。

このように、日常生活の指導は、多様な内容を含み込む指導の形態ということができます。

一定の流れでの習慣化

日常生活の諸活動は、ほぼ毎日繰り返される活動です。着替えるべき時の着替え、食事をするべき時の食事というように、本来、一定の流れの中で繰り返される活動です。学校生活の中でも、毎日の生活、一週間の生活の中で、これらの活動を固定し、一定の流れの中で、繰り返せるようにします。「今日この時間にやったのに、明日は別の時間」ということがなるべくないように、週日課を整えるようにします。

こうすることで、子どもは見通しをもって取り組め、習慣化が図りやすくなります。

支援の一貫性

活動を繰り返せるということは、学習の観点からも望ましいことです。反復指導の中で、確かな力の習得も図れるからです。日常生活の指導はＡＤＬ等の指導ではないと述べましたが、同時にＡＤＬ等の指導内容を多く含んでいることも事実です。繰り返しの中で、日常生活の諸活動が充実し、高まるように支援していけば、自ずとそこで発揮されるＡＤＬ等の力も実際的な場面で総合的に指導されることになります。

そのような好条件を最大限に生かすためにも、日々の指導方法の一貫性が求められます。日によって指導の手順が違ったり、担当教師によっても違ったりということは望ましいことではありません。そのために、個別の指導計画をきちんと作成し、担当教師間で指導方法の共通理解を図っていくことが必要です。せっかく毎日繰り返される活動で、指導がまちまちというもったいないことのないようにしたいものです。

もちろん、指導は絶えず見直され、改善されていくべきものです。そのような改善も、個別の指導計画を通じて、共通理解を図りながら行っていきます。

日々の活動の繰り返しの中で、一つの目標が達成されたら、次の目標を立案することになりますが、ここでも教師間の共通理解の中で、個別の指導計画の改善を図っていくことになります。

家庭との連携

日常生活の指導内容には、家庭でも同じように繰り返される活動が少なくありません。着替えや排泄、食事などはそのよい例です。これらの活動の指導は、学校と家庭で指導方法を共有していくことでより効果的なものとなります。

指導方針などについて、個別の指導計画を通じて、保護者と共通理解を図っていくことになります。

その際、家庭でどのように指導してきているかを知っておくことは重要です。家庭の状況を踏まえておけば、押しつけにならず、現実的な方途を提案できます。また、我々教師はともすれば、学校での指導方法を家庭に伝えるということばかり考えがちですが、家庭での指導方法から学ぶ姿勢ももっていなければいけません。要は、子どもにとってより望ましい指導が選択できることこそが必要なのですから、学校と家庭が対等に意見交換をしながら、協力していくことが大切です。

他の指導の形態との関連づけ

朝の時間や昼休み、帰りの時間などは、日常生活の指導の重要な指導時間になりますが、この時間を生活単元学習などと関連づけることで、子どもにとってより意欲的でわかりやすい活動になります。

たとえば、小学部で朝の支度が終わった後、自由遊びをして過ごすことなどは、日常生活の指導と遊びの指導の一体化です。朝の時間に元気に遊んで、一日のウォーミングアップが図れます。

また、朝の時間などに生活単元学習や作業学習のテーマに沿った活動に取り組めば、その時期の生活はテーマに沿ったまとまりのあるものになります。朝の係活動が終わった後に、運動会の応援グッズづくりをしたり、販売会の店づくりをしたりというように、です。

日常生活の指導は、子どもの自然な生活の流れに沿って展開されますので、他の指導の形態とも無理なく関連づけできますし、したほうが子どもにとって取り組みやすい生活になります。

Ⅲ 教育目標「自立」を考える

❶ 教育目標「自立」と「主体性」「支援」

教育目標「自立」を掲げる特別支援教育

子ども主体を願う教育実践では、子どもの主体的活動の実現を最優先に願います。教育の目標、授業の目標は、子どもの主体的活動の実現であると言えます。

この子ども主体の姿、ないし子どもの主体的活動の実現は、特別支援教育における教育目標「自立」と密接に関係する目標論です。

二〇〇七年四月より、学校教育法などが改正され、従来、「特殊教育」といわれていた障害のある子どもへの教育が「特別支援教育」という名称で再スタートしました。

特別支援教育は次のように規定されています。

特別支援教育とは、障害のある児童生徒等の自立や社会参加に向けた主体的な取組を支援するという視点に立ち、児童生徒等一人一人の教育的ニーズを把握し、その持てる力を高め、生活や学習上の困難を改善又は克服するために、適切な教育や指導や必要な支援を行うものである。

以上の概念規定では、特別支援教育が子どもの「主体的な取組を支援」することが明記され、さらに、自立が特別支援教育の目的規定・目標規定とされていることに注目したいと思います。

学校教育法第七二条には、特別支援学校の目的についての規定が、以下のようにあります。

特別支援学校は、視覚障害者、聴覚障害者、知的障害者、肢体不自由者又は病弱者（身体虚弱者を含む。以下同じ。）に対して、幼稚園、小学校、中学校又は高等学校に準ずる教育を施すとともに、障害による学習上又は生活上の困難を克服し自立を図るために必要な知識技能を授けることを目的とする。

この条文は、特別支援教育への移行に伴って改正されたものですが、その段階で、従来の条文にはなかった「自立を図る」の文言が加えられました。

特別支援教育の概念規定、学校教育法第七二条のそれぞれに、教育目標としての「自立」の文言が盛り込まれたことには、自立観を考える上で非常に重要な意味があります。

「自立」の本質は支援のもとでの主体性

一般に辞書的な意味での自立は、「他の援助や支配を受けず、自分の力で判断したり身を立てたりすること。ひとりだち。」（『広辞苑』第六版）というように、他の援助を受けないということや、「ひとりだち」ということが強調されています。もしこの意味で、上記の特別支援教育の概念規定や学校教育法第七二条における「自立」を理解したら、直ちに重大な問題が生じることになります。

すなわち、特別支援学校はもとより特別支援教育で対象とする子どもたちには、他の援助を受けずに生活することが困難な子どもが少なくありません。ましてや「ひとりだち」とまでいわれたら、それは多くの子どもにとってきわめて困難になります。寝たきりの子どもたちも特別支援学校の大切な仲間です。辞書的な意味で「自立」をとらえるとしたら、特別支援学校では多くの子どもにその目標を達成できないことになってしまいます。

ということは、ここで言われる「自立」は自ずと、障害の重いといわれる子どもにも達成できる目標として理解されるべきです。

我が国の知的障害教育の実践現場は、一九六〇年代から一九七〇年代を中心に、他の援助を受けない「ひとりだち」という一般的な自立観のもと、子どもを引っ張り、苦しめ、時には学校教育から排除さえしてきた苦い経験を経ています。そのことへの深い反省から、自立を一定の固定的な基準で考えるのではなく、本人の主体性という意思的側面を重視し、その実現を支える支援の存在を積極的に肯定する自立観を一九七〇年代後半期以降、明確に打ち出してきています。そのような自立観に基づく自立概念は次のように説明できます。

「適切な支援条件下で、自分の力と個性を最大限に発揮してなされる取り組み」

このような自立観であれば、支援が行き届きさえすれば、どの年齢段階にも、あるいは障害の軽重や有無に関係なく、その人なりに自立を実現することが可能です。

この支援を適切に行き届かせることに、特別支援教育の役割があると見ます。

誰かがいてくれるからこそ「自立」

さらに踏み込んで考えるならば、障害の有無に関係なく、すべての人にとって、本来自立とは、辞書でいわれるような、他の援助を受けないという形では成立し得ないことにも気づかなければいけません。私たちは、過去においても、現在においても必ず誰かの支えを得ています。支えを得てこそ、自分らしくあれると言ってもよいのではないでしょうか。

もし辞書的な意味での自立、他の援助を受けない「ひとりだち」が理想の人間像であるとするなら、理想の社会とは、人が互いに誰も当てにしない社会となります。誰をも必要とせず、自分だけで生きていく社会、そういう人たちの集まり、これはまことに孤独な社会、もはや社会とはいえない場になるのではないでしょうか。そんな社会が理想であるはずがありません。

誰かを大切に思い、誰かを必要とし、互いに支え合う社会こそが理想の社会であり、そこで生き生きと生きる人たちこそ、真に自立した人たちであると考えたいのです。もちろん、正しく自身を内省すれば、誰かに支えられていない自己はあり得ないわけですから、自ずと私たちがめざすべき自立像、社会像は定まってきます。

周囲から自分に最適な支えを得ながら、自分らしく生きていく姿にこそ、最も正確な意味での自立の姿があるのです。そして、そのような人たちが互いを必要とし合い、支え合う社会こそ理想の社会です。

互いに支え合うことは、弱さではなく強さです。辞書的な意味の自立で「他の援助」が嫌われるのは、そこに弱さを見いだすからではないでしょうか。他の援助、他からの支援が弱さになる場合は、残念ながら現実に存在します。それは相互の支援による関係が「支え合い」ではなく、「もたれ合い」になっている場合です。相互に依存し合い、もたれ合う場合、そこに自ら立とうする自己は、はなはだ脆弱です。他に依存し、もたれ合えば合うほど、お互いに自己を見失っていく関係と言ってもよいかもしれません。

それに対し、自立の要件である支え合いは、それぞれが自己を確かにもち、自ら立ち、自ら歩んでいくために、他者の支援が必要となるのです。支え合うことでそれぞれがそれぞれらしく、より生き生きと生きていく姿を描くものです。「支え合い」と「もたれ合い」は似て非なるものです。

支え合う姿に真の自立を誰もが認め、いつの日にか、辞書にある「自立」の定義が修正されることを願います。

「支援はないほうがよい」のか

とはいえ、私たちは特別支援教育に携わりながらも、ついつい辞書的な意味での自立観にとらわれていないでしょうか。多様な障害の子どもたちを対象として含み込んだ特別支援教育があえて、その目標に（それはどの子にも達成すべき目標です）「自立」を謳っていることの意味を、あらためて心に留めておきたいと思います。

今日、特別「支援」教育といわれているのですから、支援の必要性を否定する人はそう多くはいないと思います。それでも実践現場に出てみれば、「あの支援は早く外したい」「支援はないほうがよい」という声は聞かれます。

授業研究会などでは、時として、次のような意見が出されることがあります。

「A君、あの補助具がすごくうまく効いてましたね」

「いい補助具でがんばれていましたね」

これらの発言では、支援とそれによる子どもの活動がとりあえずは肯定的に理解されています。

しかし、これらの発言の後に次のような意見が続きます。

「だけれども、いつかはやっぱりあの補助具は外したいですね」

この発言が続くことで、最初の二つの発言の真意が初めてわかります。いつかは外したいということは、支援があってできていることはとりあえずよいと思うけれども、本当は支援がないほうがよい姿で、今はまだまだなのだ、という本音が見えるのです。

筆者はこのような発言には心を痛めます。ほめられていると思ったら、実は認めてもらっていないわけですから。そういうほめ方をされると、がんばっている子どもも補助具を一生懸命考えた教師も、かえって傷つくのではないかと思います。はっきりとダメ出しされているほうが、まだ楽なのではないかとさえ思います。「よいのだけれども本当はね……」のようなほめ方というのはつらいものです。これは結局、支援があってがんばっている子どもの姿をどこかで本当のよい姿として認めていないわけであります。

このような発言には、やはり支援があっては自立には不十分という価値観が介在しています。しかしすでに述べたように、真の自立には支援は不可欠ですし、支援は量の多少ではなく、その人にとって最も適切な形であることが望ましいわけです。子どもたちにだけ、支援を減らしていくことを求めるのは不当です。

二つの支援

しかし、現実にはなくなっていく支援はあります。必要がなくなる、あるいはかえって邪魔になってくる支援というものはあるのです。

支援には大きく二つの種類があると考えます。それは「なくなっていく支援」と「いつまでもあってよい支援」です。たとえば、引っ越しをして新しい町に住んだときなどは、その町の地図は手放せません。地図はその町で生活するための大事な支援になります。しかし、その地図を使っているうちに町の地図が頭の中に入ってきます。そうすると、もう地図なしでも町を自由に移動できます。これは「なくなっていく支援」です。なぜなくなってよいかといえば、地図という支援が、地図なしでも町を歩ける力をその人につけてくれたからです。一方、引っ越した家の近くにスーパーマーケットがあったとします。スーパーマーケットがあることで、その人の生活は格段に便利になります。スーパーマーケットがその人への大事な支援となります。しかし、この種の支援はどんなにその町の暮らしに慣れても「もう要らない」とはなりません。つまりスーパーマーケットは「いつまでもあってよい支援」なのです。「もう何年もこの町に住んでいるのだから、いい加減にスーパーマーケットに頼らず自給自足しなくちゃ！」などと力む必要はもとよりありません。

このようにリアルに考えれば、現実の社会では、支援には二つの種類があるわけです。しかし私たち教師は、ここでもなぜか学校という場、教育という場面では、「支援はないほうがよい」という先入観にとらわれてしまうのです。

教育の場でも、リアルに「なくなっていく支援」「いつまでもあってよい支援」という二つの支援を見極めないといけません。

誰が支援を外すのか

ここで、「なくなっていく支援」と前述の教師が「なくしたいと考える支援」の違いを考えてみます。

子どもたちに支援が行き届けば、つまり「できる状況」が整えば、子どもが「できる子ども」になります。そうしてできる力を存分に発揮していく過程で、自らの力を高めていきます。そうなると、これまで必要であった支援は不要になってくる場合は確かにあるのです。支援でなく自身の力でできるようになるからです。そうなれば、その支援は外していってよいでしょう。

筆者も、作業学習の授業で生徒のために一生懸命つくった補助具を、しばらくすると生徒が使わなくなり、かえって邪魔にさえなってくるということを何度となく経験しました。補助具によって「できる状況」がつくられ、生徒自身が自ら力を発揮でき、その結果、生徒の力が育ったためです。その時にその生徒を職員室に呼んで、「さっきの作業の態度なんだ。あの補助具、先生が一生懸命作ったの知っているだろ。なぜ使わないんだ。明日からちゃんと使いなさい！」などと自分の努力を生徒に押しつけるようなことはしません。むしろ、そのような時は喜んで補助具を外しました。

確かに教育の場でも「なくなっていく支援」が存在します。では、この「なくなっていく支援」と教師が「なくしたいと考える支援」はどこが違うのでしょうか。

両者は、「なくなる」という点では共通です。しかし両者には決定的な違いがあります。それは、「なくなる」ことを判断するのが誰か、という点です。

「なくなっていく支援」では、なくなることを判断するのはあくまで支援を得ている本人です。それに対して、「なくしたいと考える支援」は教師がなくしたいと判断するのです。しかし、人の支援を他者がどうこう言うのは筋違いではないでしょうか。得ている支援を「なくなっていく支援」と判断するか、「いつまでもあってよい支援」と判断するかは、本人が決めればよいのです。さらに言えば、このことは本人のみが主体的に判断する権利を有しているものとさえ言えます。

要は、支援をなくすかどうかは、周囲の人間が「なくしたほうがよい」と思う筋のことではなく、支援を得ている本人が決めていけばよいことなのです。そう考えれば、支援に「なくなっていく支援」と「いつまでもあってよい支援」が共存しているのも納得がいきます。教師は、子どもの姿から、子どもの思いをくみ取り、必要に応じて、支援を外したり、充実を図ったりということをしながら、支援の要不要や多少にこだわらず、ひたすらに適切な支援をすることに徹すればよいのです。

支援の必要性の有無を決めるのはどこまでも子ども本人自身であるということを、我々教師はわきまえなければいけません。

気づかれない支援

それでも、「自立するためには、支援はやはりないほうがよい」と考える意見はあるでしょう。そのことを少し考えてみます。

「自立している私たちは支援なく生きているが、障害のある人たちには支えが必要である。したがって、自立には支援はないほうがよい」という意見もあります。しかしそうでしょうか。結論を先に述べれば、障害の有無にかかわらず、支援なく自立している人は誰もいないということです。ただ、障害のないといわれる人の支えは、あまりに当たり前で、共通のものなので、存在しないと錯覚されているだけです。あたかも空気は人が生きる上では必須ですが、当たり前すぎてふだんはあるなしを意識しないかのようなものです。

たとえば、車椅子の人はエレベーターなどがなければ建物の二階に上がることは困難です。そ

誰もが必ず「支援」を受けている

の場合、人に助けてもらえなければ二階に上がれない。ですから「我々は人の助けなく二階に上がれることに比べると、やっぱり障害のある人は自立していない」という判断になるわけです。「私たちは一人で二階に上がれる、誰の支援を受けなくても二階に上がれる、だから私たちは自立している」という話になるのです。

ところが、冷静に考えれば、障害がないといわれる人であっても、支援なくして一階から二階に上がれる人は一人もいないと思います。間違いなく支援を受けています。その支援とは「階段」です。建設業者の方が階段を作ってくださっているからこそ二階に上がれるのです。でも、ふつうは階段を支援とは意識しません。なぜでしょうか。それは階段という支援が当たり前だからです。ただ、車椅子の人には階段は当たり前の支援ではありません。だから別の支援が必要になります。「別の支え＝目立つ」「目立つ＝支援がある」「目立たない（気づかない）＝支援がない」ということになります。そこからさらに「支援が要らない私たち」と、「支援が必要な人たち」という線引きが暗黙のうちに成立してしまうのです。これはたいへん大きな勘違いであると言っていいと思います。誰もが必ず支援を得ているわけです。

ただ、一般的な支援とは違う、という理由だけで、支援を特別視し、その支援を得ていることを特別なこととして「自立できていない」と断定するのは、あまりに一方的で狭い判断です。自分が得ている支援を棚上げにして、他の人が支援を得ていることを自立していないと考えるのは僭越です。

しかしながら、人からの支援を受けないことが自立なのだという考えは根強いものです。しかし、やはり我々は誰かの支援があるからこそ自分らしく自立できる、ということを忘れてはいけないと思うのです。

「社会は厳しい」？

支援をなるべく減らそうという意見の根拠に、「卒業後の社会は、学校のような支援はない。だから一人でできなくてはいけない」というものがあります。「社会は厳しい」という声です。

しかし、卒業後の社会には、本当に支援はないのでしょうか。

筆者は進路指導を担当したことがあります。進路指導を行う場合、筆者も筆者の先輩や同僚も、一人として「支援のない社会」に生徒を進路指導したことはありません。「この会社なら」「この仕事なら」「この社長さんなら」ということを考え、生徒が安心して生活できそうな会社などを探しました。もしも、卒業後の社会に本当に支援がないのだとしたら、それは進路指導の怠慢以外の何物でもありません。

また、卒業後も、学校は定期的にあるいは必要に応じてアフターケアをします。「社会に送り出してそれでおしまい」ではないのです。筆者も生徒が就職後、会社から時々電話をいただき、「今、（卒業生が）困っているんだが、学校ではどうしてましたか？」と尋ねられることがありました。そのときにすぐに会社に出かけ、「学校ではこうしていました」と会社の方と相談したものです。そんなことをしているうちに、電話はしだいに減っていきます。それもそのはずです。学校よりも会社のほうが一日、一年の生活時間は長いのです。我々教師よりも会社の方のほうが、ずっと支援は上手ですので、そのうち会社での、会社の方々による支援が軌道に乗れば、学校の出番はなくなっていきます。

あるとき、会社での仕事の軌道に乗るのに時間がかかった卒業生がいました。その人のために何度となく会社に出かけ、相談をしてきたのですが、事態はしだいに解決に向かい、会社からの

電話もなくなりました。しばらくして、定期のアフターケアの時期に訪問しました。すると卒業生の上司の方は筆者に、「先生、まだ来るんですか。いい加減に私たちに任せてください」と一言。その時の上司の方の優しい笑顔は今でも忘れることができません。筆者のような若輩教師と一緒になって何度も相談し、問題を解決してきてくださった上司の方です。その表情の奥に「もう心配しなくて大丈夫だよ」というメッセージが感じられ、感謝の思いばかりが残る訪問となりました。

　作業学習などで補助具を工夫すると、「こんな補助具は会社にはない」という意見も耳にします。しかし、この根拠を教えてほしいものです。筆者は町工場のせがれで、幼い頃から工員さんらの仕事ぶりを見てきました。町工場にはたくさんの工作機が並んでいますが、そこには、工員さんらが仕事をしやすい工夫があふれていました。そうやってよい仕事ができるようにしていたのです。まさに補助具です。会社の人たちは、本来、よい仕事をするための工夫では、教師より一枚も二枚も上手です。その人たちが特別支援学校の生徒を迎えれば、そのノウハウを生かしてさまざまな支援をしてくださいます。

社会は優しい

「社会は厳しい」とは、よく聞く言葉です。だから、それがあたかも当たり前のように文字通りとられ、簡単に教育に反映されてしまいます。

確かに社会は厳しいです。職場開拓をしていて「うちは慈善事業をしているわけではない」などの厳しい言葉をいただいたこともあります。私事ですが、筆者は父親の町工場の倒産を経験していますので、社会の厳しさを筆者なりに知っているつもりでもあります。

でも本当の社会とは厳しさと同時に優しさももっています。就職した卒業生のために汗を流してがんばってくださる社長さん、工場長さん、パートさんがいらっしゃいます。

「社会は厳しい」のは事実です。しかし同時に「社会は優しい」のです。一般論の浅い認識で「社会は厳しい」ということをそのまま子どもたちに投影して、結果として「現実度」が低く、生徒が「生きた力」を発揮できない、教師の自己満足ばかりの「厳しい」訓練中心の授業をつくっていないか、私たち教師には自己吟味が求められます。

支援をつなぐ

卒業後の社会に学校がつなぐべきものは何でしょうか。間違いなく必要なものは、子どもの確かな「生きた力」です。子どもが学校で「生きた力」を養い、それを力にして社会に出ていく、そのことは重要なことです。

しかしもう一つ、学校が社会につなぐ大事なものがあります。それは「支援」です。学校で子どもに最適な支援を徹底して追究し、積み重ねていくことによって、その子どものために必要な支援のノウハウが蓄積されます。その蓄積を、学校卒業後の次の支援者たち（会社の方々、福祉サービス事業所の方々、地域支援の方々など）にバトンタッチしていくことも大事なことになります。

「社会は厳しい」「社会には支援がないのだから」ということで「支援はなるべくしない」という方針を学校で安易に実行に移してしまったら、次の支援者たちにつなぐ支援のノウハウはまことに貧しくなってしまいます。会社の方に「学校ではどうしてましたか?」と尋ねられても答えられないということにもなってしまいます。

卒業後の社会に、子どもの「生きた力」と教師の支援、この二つをつないでいくことが大切です。

「支援を求める力をつける」？

支援の必要性を否定しないどころか積極的に肯定するがゆえに、学校教育の場では、「支援を求める力をつける」「支援を使う力をつける」などの学習目標が設定されることがあります。

しかし、支援は本来、力の発揮を支えるものなのに、結局そのための「力をつける」というのは、論理矛盾です。支援を得ることは、本質的にその人の権利ですし、権利保障の観点から支援は理解されるべきなのに、支援を得るのに本人にそのための努力（力をつけること）を求めるのは、やはり学校が力をつけることへのこだわりを捨てきれていない証拠でしょう。

もとより力が育つことを否定するものではありません。子どもによっては、そのような力の育ちを期待できる場合もあります。その場合は、適切な支援のもとで、力を発揮し、力が育つことを期待するわけで、支援を求めることや支援を使うことは、本人の力に依存せず、支援条件の充実によって、求めやすく使いやすい支援にしていくことが大切です。そのような行き届いた支援の中で、支援を求め、使う力も自然に実際的に育つと考えます。

特別支援教育が対象とする子どもによっては、支援を求める力、支援を使う力を発揮すること自体が困難な子どももいます。その子にとっては、それらの力を云々するのではなく、前述のように、権利保障としての支援の充実こそ大切です。

要は、適切な支援の充実の過程で、ある子どもは支援を求める力が育つでしょうし、ある子どもはそのような力にとらわれず行き届いた支援の中で生き生きと生活するでしょうし、それはその子なり、でよいのです。

❷ 自立の実現をはかる学校生活

「子ども主体」は、自立をめざす教育の本質的目標

自立の本質が、適切な支援のもとで発揮される主体性にあるとすれば、主体性の実現、子ども主体の活動の実現は、教育目標である自立の実現と同義です。主体性の確保は、教育における目標に必ず含意されていくものです。

授業の具体目標はさまざまですが、自立をめざす教育である以上は、どのような授業であっても、子ども主体の活動が実現していなければいけないということになります。子ども主体の活動

の実現は、それほど重いものなのです。

自立も子ども主体の活動も、将来のどこかで実現できればよいという目標ではなく、今日の、今の、この授業で実現されているべき教育目標です。今が、その子にとって存分に打ち込める、やりがいと手応えのある学校生活になっていてこそ、教育目標としての「自立」も「子ども主体」も意味をなすものなのです。

しかし、その一方で、「子ども主体」とか「主体性」という言葉は、きれいな言葉であるがゆえにすっと頭の中に入ってきますが、意味不明の場合があります。単なるスローガンになってしまっている場合です。

そこで、これらの概念を、さらに具体化していく必要があります。

では、子どもの自立した生活、子ども主体の生活とは、具体的には、どのような生活でしょうか。それは、次の三点に要約されます。

①　確かな目当て・見通しをもち、仲間とテーマを共有できる生活

②　一人ひとりが、自分の力で活動し、仲間とともに取り組める生活

③　存分に活動し、大きな満足感・成就感を分かち合える生活

つまり、生活に明確なテーマがあり、そのテーマに沿った活動に確かに取り組め、それをやり遂げた満足感・成就感をもてる、こういう生活が、「子どもが自立した生活」「子ども主体の生活」

であり、いわば「質の高い生活」であるわけです。私たちの私生活での「質の高い生活」というのも、この三条件を満たしているものではないでしょうか。

ただし、この三点は、「子どもがこの条件に従って生活しないといけない」というように、子どもに対してこうあるようにと求めるものではなく、教師が、「子どもの生活がこうであれるように努力しなければならない」という、教師側の「できる状況づくり」の条件です。

仲間と共に「子ども主体」はある

なお、これら三点にはいずれも「仲間と」「分かち合える」といった文言が加えられていることには、留意が必要です。

一人ひとりがてんでんばらばらに主体的であればよいということではなく、仲間と共に、という学校生活の（ひいては社会生活の）よさを大事にしていくことが強調されています。

「主体性」ということと、「集団性」ないし「社会性」ということは、概念としてはとりあえず別物です。しかし、この教育の歴史を振り返ると、障害のある子どもたちの学校教育における主体性の確保の歩みは、学校という集団や社会からの排除を解消していく過程であったとみることができます。初期においては、そもそも学校に行くことができなかった、当然、学校で主体的に活動できるはずがありません。時代が下って、学校には居られるようになった、しかし、他の子どもたちの学習活動から置き去りにされている、つまり学校に物理的には居られても、自分らしさを発揮する機会を奪われていたわけです。そこで、特別な教育が構想され、学校において真に仲間として教育に参加できるようになったわけです。それは学校という場で、主体性を発揮できるようになったことと同義であり、こう考えれば、主体性と集団性・社会性は、この教育においては一元的に考えられなければならないものといえます。

主体性と生活性

このように考えるとき、すでに述べたように、子ども主体の活動の実現を願う生活づくり・授業づくりは、単に子どもが生き生きと主体的に活動していればよい、というものではなくなります。あるべき社会の中で、仲間と共にある生活の中で、主体的に、ということになるのです。

主体性は、子どもの活動の質を規定しますが、内容は規定していません。仲間と共に社会の中で生きることまで考えを及ばせるのであれば、いかなる活動内容で子ども主体の姿が実現されるか、つまり内容の質も吟味されなければならないのです。

そこで、主体性に加えて、生活性ということが、授業の内容を規定していきます。その子にとって、実際的で、真に打ち込むに足る生活になっているか、という視点が求められます。

子どもが生活において自立した存在であることを願うのであれば、子どものあるべき場としての生活そのものを、教育の内容として位置づけることになります。子どもたちが本物の生活に、主体的に取り組むことができれば、本物の生活の主体者となります。日々、主体性を発揮して本物の生活を積み重ねれば、将来においてもより主体的な生活者となります。

それぞれのライフステージで、日々の生活に存分に力を発揮して取り組み、生き生きとした生活を積み重ねていくことで、毎日が充実します。そして望ましい将来に自然につながっていけます。

このように組織的に学校生活を構想していくことができるのは、我々教師だけであり、学校生活づくりへの大きな責任を感じます。それだけにやりがいのある仕事が、この教師という仕事なのだと思います。

子ども主体の生活・学びを、すべての学校で

本書で述べてきました「各教科等を合わせた指導」中心の授業づくり、それらの実践の理念である子ども主体の生活づくり、これらは教育学的には経験主義教育の系譜に位置づくものです。

一方、通常教育で行われる系統的な教科学習を中心とした学習は、系統主義教育といわれる教育論に基づく実践です。

経験主義教育と系統主義教育の実践上の課題として、本書の冒頭で、「経験主義教育と系統主

義教育の混同はＮＧ」と述べました。その主張は本書の終盤にきている今も変わりはありません。経験主義教育と系統主義教育が混同されず、それぞれがＴＰＯに応じて、機能することが求められています。

しかし、経験主義教育と系統主義教育の混同はＮＧですが、両者が共に理解し合い、学び合うことは有益です。

教育の歴史の過程では、とりわけデューイの登場以降、経験主義教育と系統主義教育の対立はいくどとなく繰り返されてきました。我が国においても、戦後当初、ＧＨＱの指導のもと、アメリカ経験主義教育をベースとする学校教育が開始されましたが、系統的な学習の必要を訴える教科教育研究者らとの論争が激しく展開されました。

経験主義教育の方法では、人類の貴重な文化財である多様な各教科の内容を高度に発展させていくことは困難なことが指摘され、一九五〇年代以降、系統主義教育を軸とした学校教育体制が成立したことは歴史の事実です。

我が国の学校教育史上、経験主義教育が現場での主導権争いに敗北したことは疑う余地がありません。しかし、その後の学校教育は、確かに系統主義教育を軸に発展してきましたが、そこには大きな変化も見られました。一九六〇年代以降、民間教育団体などによる教科教育法の新しい提案が活発になされました。その中では、「わかる授業」「楽しい授業」「生き生きと学ぶ」といった教育価値が大切にされてきました。時代は下って一九八〇年代以降には、特に臨時教育審議会（一九八四年）での個性重視、「新しい学力観」「生きる力」の主張、さらに二〇〇〇年代にはコンピテンシーベースの学力理解など、子ども主体の生き生きとした学びの価値は、系統主義教育の教育観に大きな変化を及ぼしてきました。これらは、主導権争いには敗れた経験主義教育が、系統主義教育に残した財産ではないでしょうか。あるいは経験主義教育との論争の中で、系統主義教育が経験主義教育から学んだ大切な教育価値であったともいえます。

知的障害教育の現場でも、一九六〇年代以降、「生活か教科か」という二項対立の議論が繰り返されてきました。過去の教科観からすれば、生活に生きる力と系統的な教科は相容れないものと見られても仕方がなかったかもしれません。しかし今日、通常教育の系統的な教科も、生活に生きることを大切にしながら練り上げられています。両者の間に不要な壁をつくり、旧態依然の「生活か教科か」というテーゼに縛られていることは生産的でも現実的でもありません。

このような現状認識に立ち、知的障害教育がその実践の中で見いだしてきた、支援があってこその自立観、子ども主体の本物の生活づくりなどの理念と実践を、すべての学校教育で豊かに実現していくべきと考えるのです。

経験主義教育と系統主義教育を混同するのではなく、両者の対話から共有できる価値、独自性を尊重すべき価値を確認し、相互の連携・充実を図っていくことが必要です。

やや矛盾したような言い方になりますが、真に質の高い連携というのは、それぞれがそれぞれの価値観をしっかり持っていることによってこそ実現すると考えます。それぞれが自身の価値観をしっかり持っているからこそ、共有できることが見えてきますし、自分とは違うとはいえ、相手が大切にしている価値を尊重することもできるようになります。それぞれが価値観をきちんと持っていない場合、相互の対話は安易で表面的な混同につながります。あるいは逆に自分の価値観に確信がもてないゆえ、異なる価値観にことさら警戒し、相互の排除や排斥の姿勢に走ってしまいます。

経験主義教育と系統主義教育の関係も、安易な混同や不毛な排除・排斥を乗り越え、それぞれの価値観を認め合い、相互の連携・充実を図っていきたいのです。

そのような努力のめざす方向が、子ども主体の本物の生活づくりがすべての学校で確かに豊かに実現することであると、筆者は考えます。

子どもたちが日々存分に取り組める生活づくりを

本書を閉じるにあたり、戦後知的障害教育の父といわれる三木安正先生の言葉をまた紹介します。

生活教育とは、生活そのものを整え、よりよい形でそれが運営されること自体によって教育の働きをなす。（全日本特殊教育研究連盟編『精神薄弱教育実践講座 1』一九六五年）

最も適切な生活の場が最もよい教育の場であるといえよう。（三木安正『精神薄弱教育の研究』日本文化科学社、一九六九年）

今日の知的障害教育の実践現場は、目の前にある個別の指導内容それだけで教育内容を見ることに慣れてしまっているのではないでしょうか。

そのことは、一つひとつの教育内容の関係や必要性の吟味を希薄化させ、ひいては、教育目標のあいまい化を招き、教育成果の意義を教育目標に即して検証することなく、何か成果が上がればそれで良しとする向きさえあります。特に生活単元学習のような総合的な学習形態の場合は、子どもの願う姿があいまいなまま、結果オーライ型で何かよいところがあれば成功、のように見られることさえあります。

まず、子どもたちが打ち込むに足る本物の生活を、生活全体の有するやりがい（意味）や枠組みからとらえ、その中で、子ども一人ひとりに的確な目標（願い）を設定し、個々のきめ細かな活動内容を支援することに努めたいのです。三木先生の言われる「生活を整える」ということは、そういうことではないでしょうか。

近年、通常教育の場で特別支援教育が大いに当てにされてきていますが、そこでの特別支援教育は問題解決のテクニックぐらいにしか思われていないのでは、と心配になることがあります。さらには、特別支援学校や特別支援学級における実践もテクニック主導で、何のための教育なのかという教育目標が不明確な限定的な指導・訓練に傾いていないか懸念されます。

特別支援教育は、間違いなく全人的な教育であり、人づくりです。そのことを忘れず、日々、子どもたちが力を存分に発揮する学校生活づくりをめざしたいと思います。

あとがき

本書の内容は、その大部分は、主として筆者が現場の先生方と授業づくりをさせていただく中で考えてきたこと、発言したことを書き起こし、まとめたものです。

「Ⅰ　本物の生活を主体的に」のうちの「7　思いに寄り添う支援」は、筆者が編集長を務める月刊誌『特別支援教育研究』（全日本特別支援教育研究連盟編集、東洋館出版社）の二〇一二年四月号で筆者が執筆しました「問題行動の理解と支援　―子どもの思いに寄り添い、授業改善を―」を加除修正したものです。また、「Ⅱ　子どもが本気で取り組む授業づくり」につきましては、同じく『特別支援教育研究』で二〇一三年四月号から二〇一四年三月号まで一年間連載された「子どもが本気で取り組める『領域・教科を合わせた指導』理論と実際」の中で、筆者が執筆したもの（四、五、六、九、一一、二月の各号）を再構成したものです。

本書の表紙等で使わせていただきました作品は、筆者が二〇一六年三月まで校長を務めていました、岩手大学教育学部附属特別支援学校の児童生徒による作品です。快くご提供くださいましたこと、ありがとうございました。大事な仲間であった児童生徒のみなさんを身近に感じ続けられる書籍となりました。

本書の出版は、教育出版の阪口建吾さんのお力があってこそ、実現しました。お忙しい時間の中で阪口さんが筆者の拙い原稿に目を通してくださり、出版を決断してくださったこと、さらには出版に至るまでたくさんのお力添えをいただいたことで、本書の出版は実現しました。そのことをここに記し、心よりお礼を申し上げます。また、阪口さんとの出あいのきっかけをつくってくださった教育出版東北支社の石垣雅彦さんにも、お礼を申し上げます。

本書は、我が国の知的障害教育が戦後当初より指向してきた、生活を大切にする教育の思想と実践をベースにしています。

これらの思想と実践は、本文中でも紹介しました、三木安正先生、杉田裕先生、小出進先生、そして思いを共にする多くの現場の先生方によって発展してきたものです。

筆者もそれらの大きな業績に学びながら、今日まで歩んできました。そして、この道をこれからも歩んでいく者であります。

とりわけ、筆者の恩師である小出進先生には、この教育で大切にしなければいけないことを、言い尽くせないほど教えていただきました。小出進先生への心からの感謝の思いをここに記し、本書を閉じます。

二〇一六年八月

名古屋恒彦

名古屋 恒彦（なごや つねひこ）

岩手大学教授。

1966年生まれ。千葉大学教育学部卒業，千葉大学教育学研究科修了。

博士（学校教育学 兵庫教育大学）。

千葉大学教育学部附属養護学校教諭，植草学園短期大学講師，岩手大学講師，同助教授，同准教授を経て現職。

全日本特別支援教育研究連盟常任理事・「特別支援教育研究」編集長，日本発達障害学会評議員・「発達障害研究」常任編集委員。

主な著書に，『生活中心教育戦後50年』（大揚社，1996年），『生活中心教育入門』（大揚社，2004年），『特別支援教育「領域・教科を合わせた指導」のＡＢＣ』（東洋館出版社，2010年），『知的障害教育発，キャリア教育』（東洋館出版社，2013年），『今を豊かに生活する』（共著，大揚社，2001年），『テーマのある学校生活づくり』（監修，コレール社，2008年），『基礎から学ぶ知的障害教育』（責任編集，日本文化科学社，2010年），『特別支援教育　青年期を支える「日常生活の指導」』（編著，東洋館出版社，2012年），『特別支援教育に生きる心理アセスメントの基礎知識』（共編著，東洋館出版社，2015年）。


わかる！ できる！「各教科等を合わせた指導」

――どの子も本気になれる特別支援教育の授業づくり――

2016年9月16日　第1刷発行
2019年2月4日　第3刷発行

著　者　名古屋恒彦
発行者　伊東千尋
発行所　教育出版株式会社
〒101-0051　東京都千代田区神田神保町2-10
電話 03-3238-6965　振替 00190-1-107340

印刷　神谷印刷
製本　上島製本

ISBN 978-4-316-80438-5 C3037